99%の人が知らない 数字に強くなる裏ワザ30

深沢 真太郎 著

パパッと計算、サクッと考える仕事術

ダイヤモンド社

はじめに

数字に強くなりたい！
（……でも、いまさらセミナーとかで勉強するのは絶対イヤ！）

　そんなあなたに朗報があります。

　実は、簡単になれるんです。しかも、たった1冊の本を楽しく読むだけで。

　なぜ、そんなことが可能なのかというと、著者である私が日本でもっとも「数字が苦手なビジネスパーソン」を変身させている教育コンサルタントだからです。

　受験に必要な算数や数学を教えるプロフェッショナルは世の中にたくさんいます。「数字に強くあれ」と声高に叫ぶコンサルタントも大勢います。

　しかし、実際にビジネスパーソンを数字に強くさせることを専門とするプロフェッショナルは、私の知る限り他にいません。

　実際、私が提唱している「ビジネス数学」というプログラムは多くの企業の社員教育研修をはじめ、ビジネススクールや大学の講義に採用されています。

　ここでひとつ、問題提起しましょう。

そもそも「数字に強い」ってなんだ？

　正確に暗算できれば、数字に強いの？

　円周率を数十桁まで暗記していれば、数字に強いの？

　かつて数学の成績がよかった人は、数字に強いの？

iii

いいえ、違います。

数字に強いビジネスパーソンとは、次の4つの条件を満たす人物のことを言います。

- 電卓を正しく扱える
- 数字を使って考えられる
- 数字のマジックに惑わされない
- 数字の裏まで読み解ける

あなたが暗算の達人である必要はありません。電卓が使えれば十分です。

ビジネスの現場では数字がついてまわります。ですから、単に「考える」のではなく「数字を使って考える」ことが必要です。

数字のマジックに惑わされると、誤った判断をしてしまいます。あなたにとって、「損」以外の何物でもありません。

数字は、事実を教えてくれています。だからこそ、その「裏」に隠された真実まで読み解きたいものです。

私が研修の場で行なっている演習は、すべてこの4つのいずれかを身につけるために設計されています。この4つだけで、十分なのです。

本書は、私の「ビジネス数学」から厳選した30のエッセンスをまとめた一冊。いわば、これまで誰も教えてくれなかった「裏ワザ」とも言えるものです。

数字が大の苦手というあなたでも、楽しく読める一冊であることをお約束しましょう。

数字に強くなるための裏ワザ、あなたにだけ教えます。

99％の人が知らない数字に強くなる裏ワザ30
Contents

はじめに —— iii

（ 第1章 ）

数字に強い人の
一瞬で計算を終わらせる電卓スキル　1

電卓と仲よくしていますか？ —— 3

01 数字に強い人は、C ボタンを押さない —— 4

02 数字に強い人は、0 ボタンを押さない —— 8

03 意外と知らない!?
M+ M− RM/CM CI/C CA の操り方 —— 12

04 √ ボタンだけ！　過去の数字を未来の予測に使う方法 —— 15

05 % の概算は、掛け算ではなく割り算で済ます —— 20

06 数字に強い人は、「いつ？」に電卓で答える —— 24

07 数字に強い人は、
電卓で割り算してから「効率的に」と口にする —— 28

08 数字に強い人が電卓を叩く前にしている習慣 —— 32

Column Excel関数　「POWER」の使い方 —— 35

(第2章)

一生ものの武器に！
数字を使ってサクッと考える技術

数字を使って考えていますか？ ── 39

09 決められないことが決められる
「重み付けテクニック」── 40

10 市場規模をたちまちつかむ
「ズームイン・ズームアウト法」── 45

11 わずか1分で、どんな店の売上額も
推定できる「掛け算思考」── 49

12 「数字→グラフ」ではなく
「数字→数字→グラフ」── 53

13 数字を使って交渉の着地点を
探るたったひとつのコツ── 59

14 伝わる！ 刺さる！
スティーブ・ジョブズも使った「割り算の技術」── 63

15 数字に強い人は、
3つの売上げ予測を立てている── 67

16 数字に強い人は
「許される誤差」を知っている── 72

(第3章)

もうダマされない！
あなたを惑わす「数字のマジック」対処法

あなたの人生から「損」をなくしたい —— 81

17 バーゲンセール！
慌てて「おいしい数字」に食いつかない —— 82

18 「顧客満足度90％」って、本当にスゴいの!？ —— 86

19 都合のよいグラフに惑わされるな！
数字に強い人はここにツッコミを入れる！ —— 90

20 「10％ポイント還元」と「500円クーポン」
……どっちが得か？ —— 95

21 数字に強い人は「お得だから」ではなく、
「必要だから」買う —— 100

22 街中にあふれている
「作られた数字」を見抜く —— 104

23 一瞬で見破る！
小さな数字を大きく見せるトリック —— 108

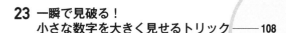

（ 第４章 ）

真実が見えてくる！
数字の「裏」まで読み解く技術

数字の「裏」を読めるビジネスパーソンの時代 —— 115

24 数字を読む基本が身につく、
たったひとつの視点 —— 116

25 すばやく数字を読める人が、
いちばん最初にしていること —— 120

26 使うだけで数字の裏が驚くほど
読めるようになる３つの「キーワード」—— 124

27 「DMを読んだ人の80％は購入している」を
正しく評価できますか？ —— 129

28 数字に強い人は、
「絶対評価」が絶対ではないことを知っている —— 133

29 女性へのリサーチ
「異性との交際人数は平均4.5人」の裏を読む —— 138

30 毎日３分！
記事を読まずに日経新聞を読むススメ —— 142

あとがき —— 148

第1章

数字に強い人の一瞬で計算を終わらせる電卓スキル

電卓と仲よく
していますか？

　突然、「あなたは暗算の達人ですか？」と聞かれたら、おそらくほとんどの人は「ＮＯ」と答えるでしょう。ならば、電卓にお世話になる機会は多いはずですよね。

　にもかかわらず電卓を上手に使えていないとしたら、あなたはちょっとばかり損をしていることになります。

　筆者は、企業研修や大学・ビジネススクールでの講義の際、必ず受講者のみなさんに電卓を使う場面を用意します。

　その理由はもちろん実技に必要だからですが、実はもうひとつ大きな理由があります。

　それは、受講者の方の「数字に対するリテラシー」を確かめるためです。

　筆者のような研修講師は、短い時間で受講者の特性やクセなどを見極め、適切な学びを提供していくことが求められます。

　私にとってその方法のひとつが、みなさんの「電卓の使い方を見る」ことなのです。

　実は、数字に強いか、弱いかの違いが、電卓の使い方に顕著に現れるのです。

　ボタンを叩くスピードが速いかどうかですって？　いいえ。もっと大きな差が出るポイントがいくつかあります。

　はたして、その差とは……。

第1章　数字に強い人の一瞬で計算を終わらせる電卓スキル

003

Lesson 01 | 数字に強い人は、 C ボタンを押さない

　まずは、電卓をご用意ください。

　電卓が手元にない場合は、もし電卓があったらどう作業をするかを頭に思い浮かべながら読んでくださいね。

　それでは、さっそく問題にチャレンジしてみましょう。電卓を使って次の問題をすばやく計算してください。

問題

　ある店の前月の平均客単価は 5,300 円、来店者数は 3,200 人、来店者に対する購入率は 3.0％でした。

　今月はオフシーズンのため、来店者数は 2 割減が予測されます。

　平均客単価はキープしつつ、購入率を 1.5 倍にアップさせたら今月の売上げは前月の何％増えるでしょうか。

（ただし、ここではメモリー機能は使用不可です）

　いかがでしたでしょうか。いま、あなたがした作業の内容をよく覚えておいてくださいね。

　まず、「数字が苦手な人」の典型的な作業例からご紹介しましょう。

えーっと、まず前月の売上高は……。

前月の売上高

= 前月の平均客単価 × 前月の来店者数 × 前月の購入率

= 5,300 × 3,200 × 0.03

= 508,800 円

（電卓の C ボタンを押した後に）

今月の売上高を求めると……。

今月の売上高

= 今月の平均客単価 × 今月の来店者数 × 今月の購入率

= 5,300 × 3,200 × 0.8 × 0.03 × 1.5

= 610,560 円

（電卓の C ボタンを押した後に）

よって、増加率は……。

今月の売上高 ÷ 前月の売上高

610,560 ÷ 508,800 = 1.2

前月より 20％増です！

　紹介した作業内容はすべて正しい計算をしていますし、結果も正しい。でも、すばやく処理するという観点では 100 点満点をあげるわけにはいきません。

では「数字に強い人」はこの問題を電卓でどう計算するのでしょう。以下がその答えです。

0.8 × 1.5 = 1.2
前月より20％増です！

　そう、たった1回の掛け算で作業は終わりです。
　売上高＝平均客単価×来店者数×購入率は、前月も今月も同じはずです。ならば、**変化したところだけに注目すればよい**のです。

　ところが前者の場合、C（クリア）ボタンを押した後、その前に作業した数字をまた再入力しています。
　シンプルに言えば、ムダな作業をしているということになります。

　これは、たとえばあなたの給与計算も同じこと。あなたの前月と今月の給料の差を計算したければ、基本給に差はないはずですから、残業代や交通費の差だけ計算すれば把握できるはずです。

- しなくてもいい計算に気づかない
- 使わなくても済む場面で、電卓のCボタンを使う

　これが数字に強い人、苦手な人とのちょっとした差です。裏を返せば、数字に強い人は、

- **必要な数字とそうでない数字が見極められる**
- **計算の「二度手間」を避ける工夫をしている**

　これが、私が現場で発見した事実です。

正直、「そんな細かいところ？」と思われたかもしれません。確かに重箱の隅をつつくような話かもしれませんね。
　しかし、もしあなたが少しでも数字に強くなりたいと思うなら、いますぐその考えは捨ててください。

　数字力、コミュニケーション力、表現力……。
　ある人とない人との差なんて、これくらいわずかなものです。しかし、そのわずかな差の積み重ねが大きな差になっているのではないでしょうか。

　プレゼンの上手な人が作った資料は、それ単体は高度なスキルを感じさせるものかもしれません。ですが、実は細かいちょっとしたコツの集約によって魅力的に見えているのです。

　プロの料理人の盛りつけが美しいのは、おそらく素人にはわからないちょっとした違いがいくつもあるからではないでしょうか。

　「1」の100乗（1を100回掛け算する）はもちろん「1」ですが、「1.01」の100乗はおよそ「2.7」です。

　大きな差とは、ほんの小さな差の蓄積によって生まれるのです。

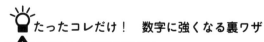
たったコレだけ！　数字に強くなる裏ワザ

☑ 変化がテーマなら、変化したところだけ見ればよい

Lesson 02

数字に強い人は、
0 ボタンを押さない

電卓のボタンについて、もう少し話を続けることにしましょう。

実はもうひとつ、数字に強い人と苦手な人とで使い方に明確な差が現れるボタンがあります。

その正体を明らかにする前に、もう少しだけ問題にお付き合いください。必要でしたら、電卓を使っていただいても結構です。

Q1　10 × 10 ＝？
Q2　100 × 100 ＝？
Q3　10,000 × 10,000 ＝？

Q1はもちろん100。Q2は1万。ここまではいいでしょう。ところが、多くのみなさんはQ3くらいの桁になってくると途端に計算のスピードが鈍ります。そして、電卓を使いはじめるのです。

電卓を使うこと自体はなんら問題ありません。しかし、数字が苦手な人ほど、その使い方に"ある特徴"があります。それが……、

ぜんぶ丁寧に 0 ボタンを押す。

はたして、そんな行為をする必要があるのでしょうか。

ムダな作業をしている人は損をしている、という本書のコンセプトからすれば、ちょっともったいないと思います。

では、筆者はこのような場面ではどうするのか、ご説明しましょ

う。

　まず、筆者は次のように数字と0の数をリンクさせて記憶しています。

- 千　　＝「0」が3つ
- 百万　＝「0」が6つ
- 十億　＝「0」が9つ

　たとえば、10万円の製品を1,000人に売ったらいくらかを電卓で処理しようとしたとき、

数字が苦手な人

　100,000 × 1,000 ＝ 100,000,000　（1億円）
　つまり、**ぜんぶ丁寧に⓪ボタンを押し**、その後「いち、じゅう、ひゃく、せん、まん、……」と「0」の数を数えていきます。

数字に強い人

　（「0」が5つ）＋（「0」が3つ）＝（「0」が8つ）＝1億円
そもそも電卓は使いません。

　ですから、たとえば15,000円の製品を4,000個売ったらいくらかを把握したければ、15 × 4 ＝ 60という計算をして、ほぼおしまいです。
　あとは　15,000円は「0」が3つ、4,000個も「0」が3つですから、
　（「0」が3つ）＋（「0」が3つ）＝（「0」が6つ）
　つまり、60と（「0」が6つ）ですから6,000万円と結論づけます。
電卓で⓪ボタンは一度も押しません。

もう、メッセージは伝わったと思います。

数字が苦手な人は、電卓の 0 ボタンを一生懸命押す。
数字に強い人は、電卓の 0 ボタンを押さない。

　数字は桁が大きくなればなるほど、操作が煩雑になるものです。
　小学生のときは1桁、2桁の数字が扱えれば十分でしたが、私たち大人はそれよりずっと桁の大きい数字をビジネスシーンで扱っているはずです。
　ならば、大きい桁の扱いをサクッとできるように準備しておくのは、ビジネスパーソンのたしなみではないでしょうか。

　実際、一般的に言われるこんな言葉。

「デキるビジネスパーソンは数字に強い」
「経営者は細かい数字には興味ないくせに、大まかな数字の不整合（たとえば桁違い）にはすぐ気がつく」

　筆者は、数多くの社員教育の現場で数字を操作するビジネスパーソンを見ていますが、まったく同意見です。
　その理由を「自分ごと」というキーワードで説明しておきましょう。

　成果を出していない社員は、自分の残業時間や給料のことは「自分ごと」にできても、残念ながら自分が所属する部門や会社全体の数字は「自分ごと」にできていません。

　あなたの就業時間や給与と、会社全体の売上げや利益などを「桁」で比較したとき、はたして大きいのはどちらでしょうか。
　言うまでもなく後者です。しかし、成果を出していない社員はそ

の数字が「自分ごと」になっていない。つまり、**桁の大きい数字が「自分ごと」になっていない。**だから、大きい桁の扱いをサクッとできるように準備するという発想が持てないのです。

桁の大きい数字を「自分ごと」にできないうちは、ビジネスパーソンとして成功することはないと筆者は思います。

電卓の使い方を見れば、その人がわかるのです。

 たったコレだけ！　数字に強くなる裏ワザ

☑ 千=「0」3つ　百万=「0」6つ　十億=「0」9つ

Lesson 03

意外と知らない!?
M＋ M－ RM/CM CI/C CA の操り方

　Lesson 01 の最初に紹介した問題で、「ただし、ここではメモリー機能は使用不可です」と断り書きがありましたね（p.4 参照）。「……？」という方も大勢いらっしゃることでしょう。

　本書のコンセプトからすれば、計算という作業を効率化する機能は（たとえ、インターネットで調べればわかる情報だとしても）ここでしっかりご紹介しておくべきと考えます。

　さっそくですが、あなたの電卓に次のボタンは付いているでしょうか。

M＋　M－　RM/CM　CI/C　CA

知っていると便利な電卓機能

ボタン	名　称	機　能
M＋	メモリープラス	表示されている数字をメモリーに足す
M－	メモリーマイナス	表示されている数字をメモリーから引く
RM/CM	リコールメモリー／クリアメモリー	1 度押すとメモリーの内容を表示させ、もう一度押すとクリアされる（0 になる）
CI/C	クリア	1 度押すと直近の入力を消去。2 度押すと途中までの計算結果と直近の入力を消去
CA	クリアオール	これまでの計算と設定をすべて消去（メモリーも消去）

もしなければ、せめてこれらのボタンがあるものを「My 電卓」にすることをお勧めします。数字に強い人は、決してデザインや値段だけで電卓を選んでいません。

名称、機能については表にまとめておきましたが、これではなかなかピンとこないと思います。

そこで、ひとつ具体例を用意しました。

例

150 円のドーナツを 3 つ、110 円のコーヒーを 5 つ買ったときの合計金額は？ （正解は 1,000 円）

- **150 円のドーナツを 3 つ**
  - ➡ 150 × 3 [M+] ➡ 450 （※）
  （そのまま続けて）
- **110 円のドリンクを 5 つ**
  - ➡ 110 × 5 [M+] ➡ 550
  （そのまま続けて）
- **合計を求める**
  - ➡ [RM/CM] ➡ 1,000

もしメモリー自体をクリアしたければもう一度 [RM/CM] を押せば結構です。[M−] についても同様に使いましょう。

もし、150 × 3 としなければならないところを 150 × 4 としてしまった場合には、1 回だけ [CI/C] を押しましょう。

- **150 円のドーナツを 3 つ**
  - ➡ 150 × 4（間違えた！）➡ [CI/C] ➡ 3 ➡ [M+] ➡ 450
  これで（※）と同じ状態になります。

もし、150×3としなければならないところを140×4としてしまった場合には（笑）、2回 CI/C を押してやり直しましょう。

- 150円のドーナツを3つ
  ➡　140×4（あっ、間違えた！）➡ CI/C CI/C

　最初からやり直し。

　計算結果やメモリーなど設定をすべて消去したい場合は、CA を1回押せばＯＫです。

　以上が、各ボタンの基本的な機能です。
　この機能の便利さは使ってみないとなかなか実感できませんので、ぜひ身近な数字を使って練習してみてください。

「あっ、これは便利だな」と感じたら、自分のスキルになった証拠です。

　なお、電卓によっては一部表示が異なるものもあるので、購入時に必ずチェックしておきましょう。

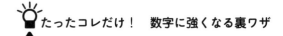
たったコレだけ！　数字に強くなる裏ワザ

☑ M+ M− RM/CM CI/C CA ボタンのある電卓を！

Lesson
04

√ ボタンだけ!
過去の数字を未来の予測に使う方法

セミナーや研修の場で、「√（ルート）ボタンを使ったことある方、いらっしゃいますか？」と尋ねると、「ＹＥＳ」と答える方はせいぜい 10 人に 1 人くらいです。

でも、たいていの電卓には、この √ ボタンがあります。

みなさんがこのボタンを使うとしたら、いったいどんなときなのか、ここで説明しましょう。

その前に、√ の復習をちょっとだけ。

同じ数字を 2 回掛け算することを「2 乗する」と言います。

たとえば 2 乗して 9 になるような正の（プラスの）数はいくつでしょうか。3 × 3 ＝ 9 ですから、「3」が正解ですね。

このように、2 乗して○になるような数を「○の平方根」と呼び、√○ と表現します。

そして、電卓においてはこの √ ボタンは次のように使います。

◉**2乗して9になるような数は？**
 9 を押し、その後に √ を 1 回押すだけ ➡ 3

◉**2乗して2になるような数は？　（★）**
 2 を押し、その後に √ を 1 回押すだけ ➡ ［1.414……］

015

ほんの少しだけ応用すれば、

◉ **4乗して16になるような数は？**
　16 を押し、その後に √ を2回押すだけ ➡ ［2］

◉ **8乗して6,561になるような数は？**
　6561 を押し、その後に √ を3回押すだけ ➡ ［3］

では、本題に入りましょう。
こんな機能が、いったいビジネスパーソンにとってどう使えるのか。

平均増加率をざっくり把握するために使う。

これが、筆者の答えです。
たとえば、あなたのビジネスがこの4年間で売上げを現状の2倍（増加率100％）にまで伸ばしたとしましょう。もしこのペースが続くとしたら、いまから1年後は現状の何％くらい売上げがアップすることになるのでしょうか。では、その翌年はどうでしょう？

実は、この問いに対し「4年間で2倍増えた（増加率100％）ってことは2年間ではその半分だから増加率は50％？……だとすると、その半分の25％が1年ごとの平均増加率ってことかな？」と考えてしまうビジネスパーソンが意外にも多いのです。

しかし、これは誤った解釈です。実際、仮に4年前の売上げを100としたとき、本年の売上げは200どころか、およそ244と2倍以上の数字になってしまいます。

4年前　　100

3年前	$100 \times 1.25 = 125$ （前年増加率25%）
2年前	$125 \times 1.25 ≒ 156$ （前年増加率25%）
1年前	$156 \times 1.25 ≒ 195$ （前年増加率25%）
本年	$195 \times 1.25 ≒ 244$ （前年増加率25%）

正しい解釈はこうです。

4年前の売上げを100とし、この4年間の前年比の平均を○とすれば、本年の数字（つまり200）はこう考えられるはずです。

$100 \times ○ \times ○ \times ○ \times ○ = 200$

つまり、

$○ \times ○ \times ○ \times ○ = 2$

もう、おわかりですね。4乗して2になるような数字がわかれば、それが前年比の平均を教えてくれるのです。4乗して2になるような数字はあなたも電卓でアッサリ計算できるはずです。

◉ **4乗して2になるような数は？**

2 を押し、その後に √ を2回押すだけ→［1.189……］

要するに、**ざっくり前年増加率19%を4年続ければ、売上げは2倍になる**ということを教えてくれます。試しに1.19を4乗してみてください。ほぼ2.0という結果が得られるはずです。

では、先ほどの問題に正確に答えましょう。

1年後の売上げ　本年のおよそ19%アップ

2年後の売上げ　$1.19 \times 1.19 ≒ 1.42$　本年のおよそ42%アップ

√の意味がご理解いただけている方は、後者の計算は15ページで紹介した（★）の作業でもほぼ同じ数字が得られることがご納得いただけることでしょう。

> ### 過去の数字から、未来の数字へ

過去4年間で売上げが2倍

この4年間は、前年増加率は平均19%で推移してきた

このペースが続けば、1年後は本年の19%アップが見込める

このペースが続けば、2年後は本年の42%アップが見込める

　本項目でお伝えしたいことは、増加（減少）率という数字に対する正しい感覚を持ち、使えるようになっていただきたいということです。

　過去を振り返り、大まかな増加（減少）ペースをつかみましょう。そうすれば、単位期間（たとえば1年）ごとの増加（減少）ペースもつかめます。それができれば、その先の増加（減少）ペースもつかめますね。

　ちなみに、ここでご説明した手法は、2年、4年、8年、16年、……といった「2の〇乗」にあたる数字でないと成立しません。
　もし、3年や5年といった数字で前年増加率の平均を出してみたい場合は、Excelの関数をご活用ください。

詳しくは、後ほどコラムで説明いたします。

💡たったコレだけ！　数字に強くなる裏ワザ

☑ √ボタンで、増加（減少）率に対する感覚を鍛えよう

Lesson 05

「%」の概算は、 掛け算ではなく割り算で済ます

　前項で「%」という数字について触れましたが、ここでは「%」の計算をするにあたって知っておくと便利なテクニックをご紹介することにしましょう。

　さっそくですが、6,580円の50% OFFはいくらでしょうか。できれば、いますぐ電卓を叩いてみてください。
　実は面白いことに、こんなシンプルな計算でも電卓の叩き方が次の2つに分かれます。

　Ⓐ 6,580 × 0.5 = 3,290
　Ⓑ 6,580 ÷ 2 = 3,290

　さて、あなたはどちらだったでしょうか。筆者は、Ⓑです。なぜⒷなのでしょうか、その理由はこうです。

**　ボタンを叩く回数が少なくて済むから。**

「そんな理由!?」と思われたかもしれません。たしかにⒶの場合は「0.5」で3回ボタンを押さないといけませんが、Ⓑの場合は「2」ですから1回だけで済みます。
　実は、このような発想を持っている筆者は、**「%」の計算を小数の掛け算ではなく、整数の割り算で済ませてしまう**ことがよくあります。
　たとえば「25%を求める」としましょう。

020

 **数字が苦手な人**

0.25を掛け算する。

 数字に強い人

25%を4倍すれば100%になるのだから、4で割り算すればOK。もし12.5%を計算したければ、25%の半分なのだから、8で割り算すればおしまい。

このような発想は、電卓の小数点を押す回数を激減させます。そして計算結果が正確な数字でなくてもよい場合、つまり概算でOKな場合などは非常に有効です。

2つほど問題を用意しましたので、ぜひやってみてください。

問題

① 6,600円の17%はだいたいいくら？
② 24,600円（税抜）の税込価格はだいたいいくら？

筆者は、次のように処理します。

17%は6倍するとおよそ100%ですので、6で割り算すれば概算はOKです。

2016年2月現在、日本の消費税率は8%です。8%は12倍すればおよそ100%ですので、12で割り算すれば概算はおしまいです。

① 6,600 ÷ 6 = 1,100円（正確には1,122円）
② 24,600 ÷ 12 = 2,050円
　これが消費税分になるので、最後は暗算で
　24,600 + 2,050 = 26,650円（正確には26,568円）

計算というものは正確に越したことはないし、そんな微々たる時間をケチることなく普通に小数の掛け算をすればいいじゃないかというご意見もあろうかと思います。

　しかし、その意見に対して筆者は同意できません。その理由は３つあります。

　まず、ひとつ目。

　たとえば、ビジネスの必須アイテムでもある Excel の作業。みなさんが積極的にショートカットキーを使うのは、かかる時間は短いほうがよいと思っているからでしょう。

　にもかかわらず、電卓の作業には時間短縮させる工夫は必要ないのでしょうか。なんだか矛盾していませんか？

　２つ目。

　このような「％」の概算に慣れておけば、たとえ手元に電卓がなくてもサクッと頭の中で概算できるようになるのです。

　小数の掛け算を頭の中で計算するのはかなりしんどいですが、単なる割り算だけならそれも可能でしょう。

　３つ目。

　たとえば経理担当の方など特別な仕事以外では、１桁レベルの数字の誤差で日常業務がストップすることなんて、ほとんどないはずです。

　極論にはなりますが、**「短時間での概算」さえ自分でできればビジネスの世界では生きていけます。**

　ですから、このような電卓テクニックを身につけておき、短時間での概算ができるようになっておくべきなのです。

　最後に、ここで紹介した考え方を表にまとめておきます。

もちろん、暗記する必要はありません。あくまで考え方の確認のために活用いただき、明日からざっくり概算するときに使ってみてくださいね。

<参考> 割り算(÷)と割合(%)の関係

÷	%
1 で割ると	100.0%
2 で割ると	50.0%
3 で割ると	33.3%
4 で割ると	25.0%
5 で割ると	20.0%
6 で割ると	16.7%
7 で割ると	14.3%
8 で割ると	12.5%
9 で割ると	11.1%
10 で割ると	10.0%

÷	%
11 で割ると	9.1%
12 で割ると	8.3%
13 で割ると	7.7%
14 で割ると	7.1%
15 で割ると	6.7%
16 で割ると	6.3%
17 で割ると	5.9%
18 で割ると	5.6%
19 で割ると	5.3%
20 で割ると	5.0%

(%は小数点第2位を四捨五入)

たったコレだけ！　数字に強くなる裏ワザ

☑ 概算でOKならば、「%」の計算は一度の割り算で済まそう

Lesson 06

数字に強い人は、「いつ？」に電卓で答える

　あなたは、電卓を「いくら？」の計算をする道具だと思い込んでいませんか。実は、筆者がトレーニングの現場で感じることのひとつがこちらです。

「いくら？」の計算はしても、「いつ？」の計算は意外としない。

　金額を求める問いのときは、筆者が指示をしなくともみなさん勝手に電卓を叩こうとします。
　また、ビジネスの現場で、「いくら？」と尋ねられたら、誰だって具体的に数字で答えます。
　にもかかわらず、「いつ？」という問いに対しては電卓に手を伸ばさず、「できるだけ早く」「まあ、そのうち」などと定性的な表現に逃げてしまうのです。

「その仕事が終わるのはいつ？」「競合の売上げを追い抜くのはいつ？」「損益分岐点を超えるのはいつ？」……

　スピードが求められるビジネスにおいて、「いつ？」は極めて重要な数字の情報のはず。優秀なビジネスパーソンほど、「いつ？」を電卓ですばやく把握するのが上手なのです。

　そこで、筆者が現場で使っている「いつ？」に答えるトレーニングのいくつかを紹介します。最低限これだけは電卓、あるいは暗算レベルでサクッと把握できるようになっておきましょう。

問題 1

　ある仕事は部下の加藤さんに頼むと2時間かかり、同じく島田さんに頼むと4時間かかります。その仕事をすぐに片付けて欲しいこの上司は、いますぐ2人一緒にやるよう指示をしました。理論上、終わるまでにかかる時間は？

問題 2

山田さんの売上高

　先月までで累計450万円。今月はさらに36万円アップ。

ライバルの佐藤さんの売上高

　先月までで累計1,130万円。今月は手堅く13万円アップ。

　もしこのペースが続くとしたら、山田さんが佐藤さんを追い抜くのはいつでしょうか？

問題 3

　1日あたり50個の売上げを見込む商品があります。
　定価1,000円で原価率2割、この商品の販売にかかる固定費は700万円です。変動費は売上原価のみだとすると、売上高が損益分岐点を超えるのはいつでしょうか？

　いかがでしたでしょうか。3つとも、必ずご自身でやってみてくださいね。

解説 1

　加藤さんは 1 時間で 50％終え、島田さんは 1 時間で 25％終えます。よって 2 人一緒にやれば、50 ＋ 25 ＝ 75％まで終わることになります。

　100％終えるための時間は、100 ÷ 75 ＝ 1.333……（時間）

　0.333……の分数表現は（3 分の 1）ですから、ちょうど 20 分。

　つまり、1 時間 20 分後となります。

※「1 時間目標、どんなに遅くても 1 時間半で終わらせろ」と指示してみてはどうでしょうか。

解説 2

　現状の差は、1,130 万円－ 450 万円＝ 680 万円

　1 か月ごと縮めるペースは、36 万円－ 13 万円＝ 23 万円

　680 万円÷ 23 万円＝ 29.56……

　つまり、30 か月後に追い抜く計算になります。（図 1 参照）

※ただし、山田さんが 30 か月後もこの会社に籍があればですが……。

解説 3

　1 個売れれば粗利は 1,000 × 0.8 ＝ 800 円

　その積み上げで固定費を回収するモデルですから、700 万円÷ 800 円＝ 8,750 個売れば、損益分岐点を超えます。

　よって、損益分岐点を超えるのは、8,750 個÷ 50 個＝ 175 日

　およそ半年後ということになります。（図 2 参照）

※ただし、半年後もこの商品が「旬」であればいいのですが……。

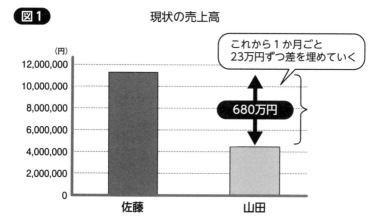

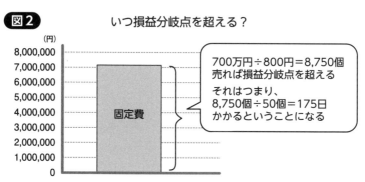

このように、「いつ？」を電卓レベルの計算で把握するだけで指示が具体的になることもあれば、あなたの描くシナリオが現実的かどうか確認することもできるのです。

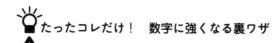

☑「いつ？」に答える3つのパターンをマスターせよ

Lesson 07 数字に強い人は、電卓で割り算してから「効率的に」と口にする

　Lesson 06 で登場した３つの問題は、いずれも割り算を使っていることにお気づきでしょうか。

　そしてその前の項目では「％」の計算も割り算で済まそうという話でした。

　小学生で学ぶ四則演算（＋−×÷）の中でも、この割り算はビジネスにおいて極めて重要な役割を担っているのですね。

　実際、ここまでお伝えしたこと以外にもビジネスで割り算を使うべき局面があります。それはいったいいつか、結論から言いましょう。

「効率がよい・悪い」という議論の前。

　あなたも「効率」という言葉を、これまで何度も口にしたことがあるでしょう。

　そこでひとつ質問ですが、「効率」の定義は何でしょうか。何をもって「効率的」と表現するのでしょうか。

　意外と答えに窮するこの質問。本書では、ビジネス数学の専門家として筆者の答えを述べることにします。

効率的とは

以下の数字が大きいほど、効率的であると表現します。

効率＝得られるもの（数字）÷ それに割く資源（数字）

もし、あなたなら、日給1万円のアルバイトⒶと日給1.5万円のアルバイトⒷではどちらを選びますか。

ここで、「当然、Ⓑでしょ？」と短絡的に考えてはいけません。数字に強い人は、「ⒶとⒷ、それぞれ何時間勤務なのだろう？」と思考を巡らせます。

もしそれぞれ5時間、8時間だとしたら、

Ⓐ5時間勤務　➡　1万円÷5時間＝2,000円
Ⓑ8時間勤務　➡　1.5万円÷8時間＝1,875円

時間効率のよいアルバイトⒶを選ぶという考え方も生まれます。

つまり私が言いたいのは、**ビジネスにおいて「効率がよい・悪い」の議論をする際には、必ずその前に何かしらの「割り算」をしていなかったらウソだ**ということです。

しかし、この程度の割り算をするために、あなたはわざわざExcelを開いたりはしないはずです。暗算で済ますか、あるいは電卓を持ち出してサッと計算するはずですよね。

数字に強い人は、「効率がよい・悪い」という発言をする前に電卓を叩いている。

これが、この項目でお伝えしたいすべてです。

最後に簡単な演習を用意しました。電卓を使ってやってみましょう。

問題

　下の表はある100円ショップと、コンビニエンスストアの1日の平均売上高、1時間あたり平均稼働人数、店舗の稼働時間をまとめたものです。この数字だけから判断すると、効率よく売上げをあげているのはどちらでしょうか？

　ただし、15秒以内でお答えください。

	1日の平均 売上高（円）	1時間あたり 平均稼働人数（人）	稼働時間 （時間）
100円ショップ	275,000	5	10
コンビニエンスストア	360,000	3	24

いかがでしたか？

　なぜ「15秒以内」かというと、少しでもムダな作業をせずに正確に処理する練習だからです。あなたの作業にムダはありませんでしたか。

　まず、スタッフの総労働時間を算出するために、

　5（人）× 10（時間）＝ 50（時間）

という計算をついしてしまいがちですが、5 × 10の結果を使って最後に割り算するのであれば、単純に5で割り算し、その後に10で割り算すればよいのではないでしょうか。

　また、Lesson 02で説明したように千は「0」が3つですから275,000は275まで電卓に入力すれば十分でしょう。

　以下が筆者の作業であり、この問題の結論です。

030

100円ショップ　　　　275 ÷ 5 ÷ 10 ＝ 5.5（千円）
コンビニエンスストア　360 ÷ 3 ÷ 24 ＝ 5.0（千円）
よって、100円ショップのほうが効率がよい。

やはり、「効率」を論じるためには割り算が必要なのです。

たったコレだけ！　数字に強くなる裏ワザ

☑ 効率＝得られるもの（数字）÷ それに割く資源（数字）

Lesson 08

数字に強い人が 電卓を叩く前にしている習慣

「人生は習慣で変わる」とは、筆者が尊敬するベストセラー作家、佐藤伝さんの言葉です。習慣が人を変え、そして人生を変えるのです。

　そこで、本章の最後は数字に強い人が電卓を叩く前にしている習慣についてお伝えしたいと思います。

　いったいどんなことだと思いますか。その答えに、おそらくあなたは拍子抜けするでしょう。

常に電卓を持ち歩く。

　たったコレだけです。

　念のため申し上げますが、スマートフォンの電卓アプリは NG です。ちゃんと自分の電卓を持ち、常に携帯することを習慣にしているのです。いったいどういうことなのか、説明しましょう。

　不思議なもので、筆者が預かる社員研修に自分の電卓を持参してくる方は研修中のパフォーマンスも高い。もちろん電卓の操作にも慣れています。

　一方、持参することなくご自身のスマートフォンのアプリでチマチマ計算する方は研修中のパフォーマンスが低い。つまり数字を苦手としているということです。

これは、その電卓（あるいはアプリ）に備わっている機能の問題

032

ではありません。その人の意識の問題です。

「数字を扱う研修」に参加することがわかっているのに電卓を持参しない人は、次のいずれかしか考えられません。

・とんでもない暗算の達人
・「数字」に対する意識が極めて低い人

　暗算の達人なんてそういるものではありませんから、おそらく後者でしょう。
　厳しい言い方かもしれませんが、「数字」に対する意識がその程度では、数字に強い人になるなんて到底不可能です。

　ひとつ事例をお話ししましょう。

　かつて筆者がインターネット通販を専業とする某企業に勤務していたとき、そこの社長はどんな小さな会議にも必ず電卓を持参していました。
　決して最新のものではありません。昔から使い続けているだけあって、その電卓は「いい味」が出ていました。そして、会議の最中、気づくと電卓で何やらパパッと計算し、じっと考える姿を何度も目にしたものです。
　もちろんその企業はいまも存続し、成長を続けています。

　使うかどうかわからない場にも自分の電卓を持参する人と、使うことがわかっているにもかかわらず自分の電卓を持参できない人。

　この差は、あなたが思っている以上に大きな差です。

　ちなみに、なぜスマートフォンの電卓アプリではいけないのでし

ょうか。

　たとえば高級ブランド品や保険など、高額商品を購入するときのことを考えてみてください。
　重要な契約を交わす場面にもかかわらず、その取引金額をスマートフォンで見せられたら、あなたはどう思うでしょう。少なくとも筆者は心が萎えてしまいます。
　実際、このようなケースではほぼ間違いなく電卓でお客様に金額を提示しますよね。

　ビジネスにおいて、電卓アプリを使っている姿は品位がありませんし、何よりビジネスをする相手への敬意が感じられません。
　優れたビジネスパーソンは、服装にも気を遣います。それは、品位を大事にし、相手にも敬意を払っているからですよね。それと同じことです。

　もしあなたが本当に数字に強く、優れたビジネスパーソンになりたいと思うのなら、自分の電卓を用意し、常に持ち歩くようにしましょう。高価なものは要りません。筆者は、2,000円程度で購入した電卓を使い続けています。

　突き詰めていけば、数字に強い人とそうでない人との差なんて、こんなちょっとした「意識」の差だけなのです。

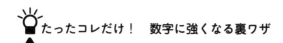
たったコレだけ！　数字に強くなる裏ワザ

☑「電卓アプリ」ではなく、自分の電卓を持ち歩くことを習慣にせよ

Column

Excel関数「POWER」の使い方

Excelには「POWER」という関数があります。

○を△乗したらいくらか？→ =POWER（○ , △）

たとえば、2を5乗したらいくらかを知りたければ、=POWER（2,5）と入力すれば関数が「32」と返してくれます。

この関数を活用すると、たとえば3年間で売上げを2倍にしたとするなら、前年増加率を平均何％で推移させてきたかを数字で捉えることができます。

=POWER（2,1/3）

あえて日本語で表現するなら、この関数の意味はこうです。

2を（3分の1）乗したらいくら？

こう入力することで、関数がおよそ「1.26」と返してくれます。
裏を返せば、1.26という数字を3乗すればほぼ2になるということです（試しに計算してみてください）。

つまりこの3年間、前年増加率は平均26％で推移してきたということであり、この数字を使えば今後をざっくり予測することもできますね。

このように、あらゆるケースでこの「POWER」が使えます。
ただし、第1章のLesson 04でご説明したように、2年、4年、……といったほんの一部のケースだけは電卓の √ ボタンで解決できるということですね。

（第2章）

一生ものの武器に！数字を使ってサクッと考える技術

（ 数字を使って 考えていますか？ ）

　第1章で解説した電卓の話はとても重要なテーマです。重要ではありますが、その一方で単なる作業に過ぎません。

　筆者は、社員研修の場では、作業の時間よりも思考の時間に重きを置いています。だからみなさん、終わったときにはクタクタの状態で「普段使わないトコロを使った気がします」とおっしゃいます。

　第2章のテーマは、数字に強い人の考え方。
　数字に強いビジネスパーソンは、ちゃんと考えることもできます。もちろん数字を使って。
　しかし、それは理系出身者でなければできないような特別なものでは決してありません。

「えっ？　こんな簡単なことなの？」
「でも、たしかにこの考え方、使うときあるよね……」

　そう思うものばかりです。

　筆者が多くのビジネスパーソンを見て気づいたこと。それは、**どうやら数字に強い人には、共通する「思考回路」がいくつかある**ということです。

　さあ、さっそく始めましょう。

Lesson 09 決められないことが決められる「重み付けテクニック」

そもそも、あなたが数字を使って考えるメリットは何でしょうか。
こんな素朴な疑問に対する筆者の答えは、2つあります。

①ものごとを定量化できる
②相手を説得できる

いったいどういうことなのか、具体的に説明しましょう。
まず①についてですが、定量化するとは簡単に言えば、**数字で表現すべきものを数字で具体化すること**です。

たとえば「来年はもっと売上げを増やします」の「もっと」を「10%」といった数字にして表現したりするのも、定量化と言えますね。
ものごとを定量化できると、数字という具体的な言葉でコミュニケーションをすることができます。それが②として挙げた、相手を説得するというメリットにもつながります。

では、数字に強い人はいったいどんな「定量化」をしているのか、ここから、特徴的な4つをご紹介していくことにしましょう。

まずひとつ目は、「**重み付け**」という考え方が備わっていることです。たとえば、こんな問題を考えてみましょう。

問 題

　あなたが、メガネのメーカーに勤務するマーケティング担当者だったとします。

　このメーカーは、若者向けの製品を得意としています。

　さて、あなたは次のうちどの新規事業を推進しますか。

　Ⓐパソコン作業用の新ブランドを立ち上げる

　Ⓑシニア向けの新ブランドを立ち上げる

　Ⓒインターネット通販事業を立ち上げる

　おそらく戸惑われたことでしょう。たったこれだけの情報で考えろと言われても、抽象論の範囲を超えることはできませんよね。

　では、具体的に考えるためにはどんな情報が必要でしょうか。そう、数字です。

　ただし、「予測できる利益規模がもっとも大きいところを推進」といった単純な考えではいけません。

　たとえば、市場の将来性、本業との相乗効果、なども考慮して総合的に決めるべきでしょう。

　そこで、それら複数の評価項目を（たとえば3段階で）思い切って相対評価し、総合点を算出してみてはどうでしょうか（表1参照）。

　ただし、注意が1点あります。

　各評価項目の中での相対評価は、強引にでも必ず差をつけてください。「ほとんど差がないので、ぜんぶ2点」では、数値化する意味がまったくありませんよね。

　そして、3つの評価項目（たとえばこのケースでは「利益額」「市場の将来性」「本業との相乗効果」）の重要度を数値化し、それぞれ

の点数に掛け算で反映させてみるのです（表2参照）。

　重要度を加えて評価するので、この手法を「重み付け評価」と呼びます。

　たったこれだけの思考で、極めて曖昧だった状態から一気に具体的な情報に変えることができます。

　まず、「利益額」「市場の将来性」「本業との相乗効果」でそれぞれ3段階の相対評価を行ないます。
　次に、ここでは重要度を「利益額」＜「市場の将来性」＜「本業との相乗効果」と考え、

「利益額」の点数はそのまま
「市場の将来性」の点数は2倍の価値（×2）
「本業との相乗効果」の点数は3倍の価値（×3）

として総合点を算出します。

表1　定量化して総合評価

	利益額	将来性	相乗効果		総合評価
Ⓐパソコン作業用の新ブランド	2	2	3	➡	7（2＋2＋3）
Ⓑシニア向けの新ブランド	3	3	1	➡	7（3＋3＋1）
Ⓒインターネット通販	1	1	2	➡	4（1＋1＋2）

表2　定量化して総合評価（重み付けあり）

	利益額（×1）	将来性（×2）	相乗効果（×3）		総合評価
Ⓐパソコン作業用の新ブランド	2（2×1）	4（2×2）	9（3×3）	➡	15（2＋4＋9）
Ⓑシニア向けの新ブランド	3（3×1）	6（3×2）	3（1×3）	➡	12（3＋6＋3）
Ⓒインターネット通販	1（1×1）	2（1×2）	6（2×3）	➡	9（1＋2＋6）

042

このメーカーは、若者向けの製品を得意としています。

　もしもシニア層に対する肌感覚がないとしたら、いくら将来性はあってもこの市場に出ていくのは危険です。

　また、試着できないインターネット通販でメガネを売るのは、なかなか難しいビジネスになりそうです。

　既存のお客様に新たなライフスタイルを提案し、ファンに育てていくほうが本業との相乗効果が期待でき、得策という考え方もできます。

「なるほど。でも、こんな算数で決められるほど、実際の意思決定は簡単ではないと思いますけど……」

　そう思う人が大勢いることを筆者は経験でわかっています。しかし、それは間違った考えです。

　なぜなら、この方法をネガティブに捉える人は「決める勇気がない人」だからです。

　数字で優劣をつけるということは、グレーが許されない、白黒をはっきりつける行為と言い換えることができます。

　ところが、白黒をつける勇気のない人は、できればグレーの状態でいたい、白黒をつけて間違えてしまうのが怖い、そう思っています。

　少し厳しい言い方かもしれませんが、本気で決めようと思っていないのです。だから、こんな単純明快な方法論を肯定できないのです。

　逆に、本気で決めようと思っている人は定量化する勇気があります。だから、このようにサッサと白黒をはっきりつけることができ

ます。結果、仕事を前に進めるスピードとパワーが備わっています。

　ビジネスでは複雑に考えれば考えるほど、決められなくなることがわかっているのです。

　定量化できる人ほど、決められる。
　定量化できない人ほど、決められない。

　もしあなたが後者のタイプなら、いま必要なのは数学の難しい知識ではなく、ほんの少しの「勇気」だけです。

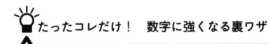

たったコレだけ！　数字に強くなる裏ワザ

☑ 決めたければ、「評価を数値化→重要度も数値化→総合評価」

Lesson 10
市場規模をたちまちつかむ「ズームイン・ズームアウト法」

　数字に強い人は、いったいどんな「定量化」ができるのか。続いて２つ目の話をすることにしましょう。

　先ほどテーマにした「メガネ」ですが、みなさんは日本のメガネ人口がどのくらいかご存じでしょうか。

　「けっこういるんじゃない？」「意外と多い気がする……」「高齢化社会だし、増えているだろうねぇ……」

　そう言うだけなら、誰でもできます。
　第２章のテーマは「考える」ですから、少しでいいので数字を使って考えてみましょう。
　「そんな、面倒くさいよ」「Google で調べればいいじゃん」と言いたい気持ちを、ここではグッと堪えてくださいね。

　実は数字に強い人というのは、たとえば筆者が預かる研修の場でこのようなテーマを考える時間になったとき、ある共通した行動をとることがとても多いのです。その行動とは……、

周囲をキョロキョロする。

　いったい、どういうことでしょうか。
　この "キョロキョロ組" に、「なぜ、周りを見回しているの？」と尋ねてみると、次のような答えが必ず返ってきます。

「この研修会場の中に、メガネをかけている人が何人いるかなと思いまして……」

　そう、日本全国という大きな「箱」で考えるから難しいわけです。ならば、視点をズームインしてこの研修会場という小さい「箱」で考え、その数字を参考に今度はズームアウトして日本全国という大きな「箱」を捉えていけばよいのです。

　筆者は、これを**「ズームイン・ズームアウト法」**と呼んでいます。

　たとえば、筆者とあなたを含めて参加者が 30 人いる新入社員研修を想像してみてください。

　周囲を見渡し、メガネをかけている人が 9 人いたとしたら、30 人のうち 9 人ですからメガネをかけている人物の割合は 30％です。

　当然、年齢が上がるほどその率は増えるでしょう。高齢化社会であることも考慮すると、ざっくり日本人の 40 〜 50％がメガネを日常的に使っていると推定できます（そんなに多い!?）。

　さて、気になる答えですが、日本のメガネ人口はおよそ 6,000 万人と言われています。つまり、日本人のおよそ 50％。こんなざっくりした考え方でも、決して筋は悪くないようですね。

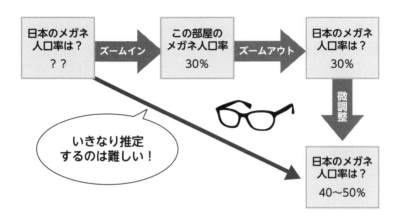

　余談ですが、都内某大手出版社でビジネス書の編集をされている山田さん（仮名）から聞いた話に、まさにこの考え方が使われている事例がありました。

　山田さんの上司は、書籍企画を採用するか否かを判断するひとつの基準として、「会社の外に出て10人ナンパした結果」があるというのです。

　いわく、「そのへんを歩いている10人にランダムに声をかけて、こんな本があったら読みたいと思うかを聞けばよい」というのです。10人に聞いて誰もＹＥＳの人がいないなら、その企画はボツ。数人いたら脈がある、と判断するのだそうです。
　少々乱暴な気もするこの考え方ですが、筆者はとても賢いと思います。

　極端な話、もし10人のうち半分が読みたいと答えたのなら、も

のすごくざっくり考えれば、東京都民およそ1,300万人の中に650万人が読者になり得る本ということになります。

　ということは、日本の人口はおよそ1億3,000万人ですから、日本全国で6,500万人が読者になり得ます。とんでもないベストセラーになる可能性を秘めた企画であり、すぐに進めることでしょう。

　逆に10人のうち誰も読みたいと思わないような企画なら、そもそもベストセラーなどまずムリだろうと判断できますね。

　数字に強い人は短時間でこのようにマーケットの規模をざっくり捉え、そのビジネスの可能性をすばやく判断していきます。

　ビジネスには、細かい数字を追うことなくざっくり規模を捉えるだけで決めてしまえることもあります。

　前項と重複しますが、定量化ができると大事な意思決定がアッサリできることもあるのですね。

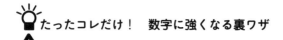

たったコレだけ！　数字に強くなる裏ワザ

☑ 規模を捉えるためには、まず小さい「箱」で考える

Lesson 11 | わずか1分で、どんな店の売上額も推定できる「掛け算思考」

定量化のお話、3つ目のエッセンスは「掛け算」です。

たとえば、先ほどからテーマになっているメガネ。

ところで、日本のメガネ市場は金額にしてどのくらいだと思いますか。

あなたが市場に精通したコンサルタントか、あるいは実際にメガネをビジネスにされている方でなければ、そんな数字は頭に入っていませんよね。

でも、このように頭に入っていない数字を自ら創り、「どれくらい？」にすばやく答えられるようになっておくことが大切なのは、前項でお伝えしたとおりです。

筆者はスキマ時間を見つけては、このようなテーマを自分で設定し、頭の中で概算して遊んでいます。

では、さっそくやってみましょう。

規模がつかめれば十分ですから、とにかくざっくり考えるのがポイント。ここでは桁がつかめれば十分と考えます。

先ほどメガネ人口は 6,000 万人と言いました。ざっくり考えて、ここでは 6,000 万人の半分くらいが 1 年に 1 回買い替えると仮定しましょう。

さらに客単価については、若者は数千円の世界だろうけれど、年配の方なら数万円はかけるかもしれない……。平均すると 1 万円く

らいと仮定しましょう。

6,000（万人）× 50（％）× 10,000（円）＝ 3,000（億円）

実際の数字は4,000億円と言われています。桁が正しく捉えられていますから、これだけでも及第点でしょう。

この事例で筆者が申し上げたいのは、**「ざっくり捉えたい数字は、掛け算で作れる」**ということです。

もう少し具体例があったほうがいいでしょうから、ここで問題を2つ用意しました。
制限時間は1問につき1分。さぁ、チャレンジしてみましょう。

問 題

①あるコンビニエンスストアで13時から10分間、来店者数をカウントしたところ、12名でした。
　このコンビニエンスストアは、13時から16時まで3時間の売上高はどのくらいと推定できるでしょうか。

②東京ディズニーランドホテルは1泊の平均単価が5万円、客室数は700、365日営業。もちろん大人気のホテルです。
　年間の売上高はどのくらいと推定できるでしょうか。
　ただし、東京にある高級ホテルの平均客室稼働率はおよそ70％と言われています。

短時間でサクッと概算するトレーニングですから、1分間という制限時間は守ってくださいね。

それでは解説に入りましょう。

---

①このコンビニエンスストアの平均購入率（来店者に対する購入者の割合）を90％、客単価を500円と仮定。3時間ということは180分ですから、ざっくり次の掛け算で概算できます。

$$\boxed{\begin{array}{c}\text{10分間の}\\\text{来店者数}\end{array}} \times 18 \times \boxed{\text{購入率}} \times \boxed{\text{客単価}}$$

$$= \quad 12 \quad \times 18 \times \ 0.9 \ \times \ 500$$

$$= \ 97{,}200 \ （円）$$

②大人気のホテルですから、年間通じて90％は予約で埋まると仮定すると、次の掛け算で概算できます。

$$\boxed{\text{客室数}} \times \boxed{\text{稼働率}} \times \boxed{\text{営業日数}} \times \boxed{\text{客単価}}$$

$$= \ 700 \ \times \ 0.9 \ \times \ 365 \ \times 50{,}000$$

$$= \ 115 \ （億円）$$

いかがでしたでしょうか。

このように、ざっくり捉えたい数字を推定する際のコツは、「いま自分が知りたい数字は、どんな掛け算の結果なんだろう？」と考えてみること。つまり、掛け算に分解することです。

それができれば、どんなお店の売上額も1分あればおおよその数字が推定できるでしょう。

あなたも、明日からちょっとしたスキマ時間を見つけては筆者のように遊んでみてはいかがでしょうか。

正解が知りたければ後で調べてみればいいですし、実態とズレが

あったとしても、あなたが恥ずかしい思いをすることなんてありません。

　余談ですが、実際の東京ディズニーランドホテルの年間売上高はおよそ167億円（2015年3月期）です。
　115億円とはちょっと差があるなと思われたかもしれませんが、先ほどの掛け算は「結婚式」や「レストラン」の売上げなどが考慮されていないため、このような誤差が生じます。
　裏を返せば、ご紹介した掛け算だけのアプローチでも、決して筋は悪くないということですね。

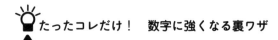

☑「どれくらい？」は、掛け算に分解し、すばやく捉える

Lesson 12 | 「数字→グラフ」ではなく「数字→数字→グラフ」

　ここまで説明したような、定性的なものを定量的なものに変えることだけが「定量化」ではありません。**定量的なものを定量的なものに変えることも、立派な「定量化」です。**

　たとえば、「データは手元にちゃんとあるんだけど、どう加工したらいいのだろう？　そして、どんなグラフで表現したらいいんだろう？」といったときなどが、それにあたります。

　つまり、「数字→数字→グラフ」という作業です。多くのビジネスパーソンが、明日するかもしれない基本中の基本と言える作業でしょう。

　しかし、基本だからといって疎かにしてはいけません。実際、数字に強い人と苦手な人には、このテーマにおいても明確な差があります。

　それをお伝えするために、筆者が研修の現場で実際に行なっているトレーニングをひとつご紹介しましょう。

　あまりに簡単すぎる問題に拍子抜けされるかもしれませんが、この程度の問題でも、前述した「差」がはっきり現れるのです。

> **問題**
>
> 次のデータは、あるコンビニエンスストアにおける1週間の売上高です。①と②それぞれの内容をプレゼンテーションするためのグラフを作ってみてください。
>
> | | 月 | 火 | 水 | 木 | 金 | 土 | 日 |
> |---|---|---|---|---|---|---|---|
> | 売上高 | 538,000 | 511,000 | 492,000 | 449,000 | 405,000 | 384,000 | 291,000 |
>
> (単位：円)
>
> ①土日よりも平日のほうが売れる
> ②1週間の売上げは、平日がかなりを占める

まず、数字が苦手な人ほどやってしまう残念なアウトプットからご紹介しましょう。

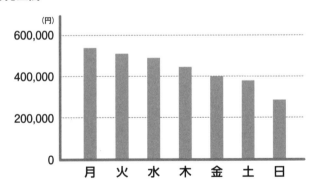

②曜日別の売上高シェア

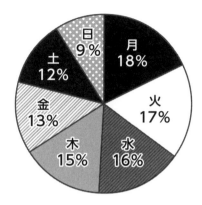

「ご覧のとおり、平日の売上げシェアはだいたい8割ですね」

　お気づきでしょうか。この人はデータの加工をいっさい行なっていません。データを表計算ソフトでそのままグラフにしただけ。言い換えれば「数字→グラフ」です。

　そのうえ、「ご覧のとおり……」と説明していますが、プレゼンターの説明を聞かなければ何が言いたいグラフなのかサッパリわかりません。

　さらに言うなら、「だいたい8割」は聞き手が自分で計算しなければそう認識できません。なんと不親切なプレゼンテーションでしょう。

　一方、数字に強い人はこんなアウトプットを作ります。

よい例

①平日のほうが売れる店である

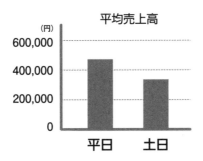

「平日と土日の平均売上高（1日）の比較です。ご覧のとおり、平日のほうが売れる店ですね」

②売上高は平日がおよそ8割

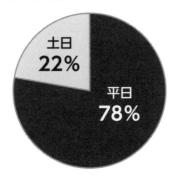

「1週間の売上高における平日と土日の割合です。ご覧のとおり、平日がおよそ8割を占めます」

その差は歴然！　データから何を言いたいのかを明確にし、そのために必要な「ひと手間」を加え、最高に伝わりやすい状態にして伝えています。
「ご覧のとおり……」と言っていいのは、この基本中の基本をしっかり行なった人だけです。

　以上をふまえ、この Lesson 12 でもっともお伝えしたいことを次のようにまとめます。

数字が苦手な人
➡仕事の仕方が「数字→グラフ」
➡見せるグラフの中に情報がやたら多い

数字に強い人
➡仕事の仕方が「数字→数字→グラフ」
➡見せるグラフの中に情報が少ない

　この二者の差がほんのわずかなものであることは、あなたにもご理解いただけるはずです。
　ですから、日々の仕事において「見せるグラフ」を究極までシンプルにする「数字→数字→グラフ」をサボらないことをお勧めします。
　そうすれば数字で考え、数字を加工する行為を自然に繰り返すことになりますから、気づけばあなたも数字に強い人とまったく同じ「思考回路」を手に入れているはず。何かを一生懸命勉強などしなくとも、普段の仕事をちょっと変えるだけで自然に数字に強くなっていく。まさに裏ワザというわけです。

　ここまで「定量化」をテーマに、数字に強い人が共通して持つ考え方を紹介してきました。

- 重み付け
- ズームイン・ズームアウト法
- 掛け算思考
- 数字 ➡ 数字 ➡ グラフ

　これらを使って定量化することで、あなたもビジネス・コミュニケーションで強力な武器となる「数字」を手に入れることができるでしょう。
　しかし、数字に強い人はそこからさらに考え、数字をより強力な武器に変えていることをご存じでしょうか。

　そこで、ここからは第2章の冒頭でお伝えしたもうひとつのテーマ「相手を説得する」に入ります。
　数字に強い人が実践している、相手を説得するための「思考回路」とはいったい……？

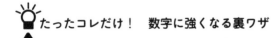
たったコレだけ！　数字に強くなる裏ワザ

☑「数字→グラフ」ではなく、「数字→数字→グラフ」

Lesson 13 数字を使って交渉の着地点を探るたったひとつのコツ

　数字で誰かを説得する。その最たる例がビジネスにおける営業、あるいはお店で値切る行為、……いわば「商談」です。

　当然ですが、買う側は安く買いたいし、売る側は高く売りたい。つまり、二者の求めるものが相反しています。だからこそ、数字で「着地点」をどう探り、どう伝えて説得するかはとても大切なスキルと言えます。

　絶対的な正解のないこのテーマにおいて、ひとつだけ大切な視点をお伝えするとしたら、筆者はこれを選びます。

相手の「ハッピー」を数字で定義する。

　たとえば、あなたが営業だとして、お客様からある製品を100個受注したいとします。ところが、お客様は50個で十分という返答だったとしましょう。

　ここで大切なのは、**お客様はこのビジネスでどういう状態になりたいのか**ということです。
　お客様は50個発注したいわけではなく、「○○○な状態」になりたいから50個発注するのです。

　ならば、この「○○○な状態」が数字でつかめれば、別の角度から提案することができるのではないでしょうか。

そこで、具体的な演習を用意しました。

問題

定価 2,000 円の商品があり、卸売業者が小売業者に卸す価格は 800 円とします。つまり、小売業者は定価で販売すれば 1,200 円の粗利です。

卸売業者

100 個受注が欲しい（つまり、このビジネスで 800 円 × 100 個 = 80,000 円欲しい）

小売業者

50 個の仕入れを希望。

なぜなら、この商品で在庫はできるだけ抱えたくないし、60,000 円の粗利が稼げれば十分というそもそもの目標値があります。

50 個仕入れてすべて売り切れば 1,200 円 × 50 個 = 60,000 円。

さて、あなたが卸売業者だとしたら、どう交渉しますか？

多い回答は、「100 個と 50 個の中間、つまり 75 個の発注をもらうよう交渉する」です。しかし、これは単なる「妥協」から生まれた、お互いハッピーではない着地点です。

実際、仮にそれが実現したとしても卸売業者であるあなたの粗利は 800 × 75 = 60,000 円。当然ながら、目標である 8 万円をショートしてしまいます。

このようなときに、考えなければならないのは、相手が「50 個」を希望している理由です。

相手は 50 個仕入れたいのではなく、この製品で在庫を残さずに

６万円儲けたいと思っているのです。

　ならば、それが実現できるような提案を特別にしてみてはどうでしょうか。

相手の「ハッピー」を定義する

　小売業者の「ハッピー」は、次の２つを満たすことです。
①この製品で６万円を稼ぐ
②かつ、在庫を残さず売り切る

　仕入れた100個の製品を仮に割引販売もＯＫだとすれば、小売業者は60,000円÷100個＝600円が１個あたりの平均粗利であり、600+800＝1,400円が値引き後の販売価格になります。つまり、定価の30％引きです。

　平均30％という目安を条件に割引販売を認めることで、今回は100個のビジネスをすることで卸売業者はめでたく８万円分の注文を受け、小売業者は目標としていた６万円の粗利が在庫を残すことなく獲得できるシナリオになります。

　つまり、両者とも目標が達成できます。

　これは、あくまでひとつの考え方を示したに過ぎません。

　ただ、強く伝えたいのは、**相手の「ハッピー」の定義が間違っていたら、説得できるものもできない**ということです。

　しかも数字で具体化できていない交渉は、「そこをなんとか、どうにか」という抽象的な会話しかできません。

相手の「ハッピー」を数字で定義する

小売業者の「ハッピー」は？

50個仕入れて売り切ること	ぜんぶ売り切って6万円儲けること

交渉の主語が「個数」 ／ **交渉の主語が「金額」**

卸売業者

100個発注してください！	100個発注してください。特別に平均30％OFFまでの割引はOKとします。

小売業者

いや、50個で十分です	なるほど、それならアリですね

じゃあ75個で…？ ／ **100個で商談成立**

　しかし数字に強い人は、相手の「ハッピー」を数字で明確に定義します。だから数字で会話ができ、数字で正しい着地点を見つけることができます。だからこそ説得力ある商談になり、仕事が前に進む。こういう構造になっているのですね。

 たったコレだけ！　数字に強くなる裏ワザ

☑ 説得する相手の「ハッピー」を数字で正しく定義せよ

Lesson 14

伝わる！　刺さる！　スティーブ・ジョブズも使った「割り算の技術」

「どう、私すごいでしょ⁉　ねっ？」

　表現こそ違いますが、ビジネスではこのように自慢をしたうえで相手に「ＹＥＳ」と言わせようと迫る場面がたくさんあります。
　要するに「なるほど、確かに」と相手に思わせ、説得する場面です。

「いかがでしょう？　当社の製品、すばらしいとお思いになりませんか？」
「今月、私は誰よりも営業をがんばりました！」
「私の開発した製品、いま大ヒットしているんですよ！」

　今日も全国のあちこちで、このような自慢話が繰り広げられていることでしょう。
　実は、数字に強い人はこの「私すごいでしょ⁉」さえ、数字を使って表現しようとします。数字で伝えたほうが説得力あることをよくご存じなのでしょう。

　つい先日、筆者が購読している日本経済新聞の折り込みチラシの中に、粉末ココアの通販の宣伝チラシが入っていました。
　訴求されている内容を要約すると、次のような内容です。

たっぷり 200 袋（40 袋 × 5）
4,104 円（税込）
11 月末まで！

　ところが、このチラシにはこれ以外に、明らかに「私ってすごいでしょ !?」と言いたげな数字が記載されていました。
　その数字とは、上記の数字を何らかの手法で加工したものであり、小さいチラシの中になんと 6 か所も散りばめられていました。この数字でターゲットを口説こうとしているのは明白です。

　さて、もしあなたがこの粉末ココアの通販担当者で販促チラシに「口説き文句」となる数字を入れるとしたら、どんな数字を使いますか？

　なんだか、クイズのようにも思えるこのテーマ。
　実は、クライアント企業からご依頼いただく数的思考研修などでは必ず演習に取り入れる重要なテーマのひとつなのです。
　なぜなら、「数字で伝えれば説得力が増す」とは誰もが認識しているのですが、「どんな数字で伝えれば、説得力が増すのか」まで考えられる人はとても少ないからです。
　自慢話というものは、ついつい相手目線が欠けた内容になってしまいがち。そうではなく、相手がピンときやすくリアリティある内容に変換できる器用さが欲しいのです。

　少し脱線してしまいましたが、先ほどの問題に戻りましょう。
　おそらく、あなたの答えはこうではありませんか。

　4,104（円）÷ 200（袋）＝ 20.52（円／袋）

小数は煩わしいので、四捨五入すれば、

なんと、1袋あたり21円！ (税込)

　200袋と言われても、ターゲットにはなんだかリアリティがありません。そして、4,104円という大きい金額よりも、簡単な割り算で金額を小さく見せるほうが割安感も生まれますね。

　ちなみに実際このチラシに記載されていた数字を正解とするならば、上記の21円は90点といったところでしょうか。
　実際は、どう記載されていたかというと……。

20.52（円）÷ 1.08 ＝ 19（円）

つまり、

なんと、1袋あたり19円！ (税抜)

　総額4,104円は税込で表記しているのに、こちらは税抜の表記。たしかに、19円と21円では受け取る印象が変わってくるかもしれません。通販ビジネスならではの、「見せる数字」に対する細部へのこだわりを感じました。

　そろそろまとめましょう。
　粉末ココアの例に限らず、同じ事実を伝えるにしても相手に合わせて変換するひと工夫は頻繁に使われています。

そして、数字に強い人は「伝わる数字」に変換することがとても上手。そして、それは割り算を使って「○○あたり」と変換することがとても多いのです。
　ぜひ明日から、伝わりやすい「○○あたり」に変換してから口に出すことを意識してみてください。

　余談ですが、アップル社の設立者のひとりであるスティーブ・ジョブズは2008年、あるプレゼンテーションで「iPhone」についてこのような自慢話をしたとか。

「今までに売れたiPhoneは400万台。うれしいねぇ」
「400万を200日で割ると、1日平均2万台のiPhoneが売れたことになる」
　　『スティーブ・ジョブズ　驚異のプレゼン』（日経BP社）より

 たったコレだけ！　数字に強くなる裏ワザ

☑「○○あたり」に変換するだけで、伝わり方は激変する

Lesson 15 | 数字に強い人は、3つの売上げ予測を立てている

反論があることを覚悟で申し上げれば、筆者はこう思っています。

予測というものは、外れるものである。

たとえば来年度の事業計画。未来を予測した結果を数字に落とし込む作業ですよね。

では1年後、すべてその計画どおりに着地するのでしょうか。「YES」であればすばらしいことです。しかし、実際ほとんどのケースが「NO」なのではないでしょうか。

たとえば、スポーツイベントの来場者数。

2015年に行なわれたラグビーのワールドカップ。日本代表の大活躍で空前のラグビーブームを呼び、世間は大いに盛り上がりました。ワールドカップ後のトップリーグ開幕戦（パナソニック vs サントリー）は前売りチケット完売でした。

当然ながら、満席を見込んでいた選手や関係者。ところが、フタを開けてみればスタンドの両サイドは完全に空席となる事態。観客数も1万792人にとどまり、日本ラグビー協会関係者は異例の謝罪対応に追われました。

つまり、**上振れや下振れすることが当然**なのです。

しかし、だからといって予測した数字には説得力がないし、意味がないと言いたいのではありません。相手に「なるほど」と思わせ

るためには、正しい予測値の出し方とその伝え方があることを言いたいのです。

　まず、もしあなたが予測というものを「当たる・外れる」という概念で考えているのでしたら、今日からはその認識を変えていただきたいと思います。
　具体的には、ビジネスにおいて予測とは**「想定外」をなくすためにするもの**だと。

　たとえば、あなたの部下が新規事業の初年度売上高を５億円と予測しているとしましょう。
　もしかしたら、本章で紹介した「掛け算思考」などでざっくり概算したのかもしれません。
　ただ、重要な新規事業の売上げ予測ですから「ざっくりと桁さえわかればよい」というわけにはいかないでしょう。
　こんなとき、あなたは次のように疑問を持たなければいけません。

**　なぜ、どうなるかわからない未来を、そんなたったひとつの数字だけで語れるのかと。それほどまでに、その予測は精度が高いのか。**

　さらに、こう考えましょう。
　予測というのは不確実なものですから、「幅」があるほうが自然です。現状のデータから考えられる最高のシナリオはいくらか、一方で最悪のシナリオを考えたらいくらかまで考慮するべきだと。

　たとえば、２つのケースを考えてみましょう。

ケース1

市場の状態が不安定でどうなるかわからず、最高と最悪のどちらのシナリオになるか読みにくい。

最高のシナリオ　　8億円　可能性は50%
最悪のシナリオ　　2億円　可能性は50%
現実的なシナリオ　8億円×0.5＋2億円×0.5＝5億円

ケース2

市場が安定しており、最高と最悪のシナリオはそれほど変わらない。

最高のシナリオ　　6億円　可能性は50%
最悪のシナリオ　　4億円　可能性は50%
現実的なシナリオ　6億円×0.5＋4億円×0.5＝5億円

予測は「想定外」をなくすためにするもの

〈ケース1〉最悪は2億円という着地も想定していかないといけないな…

〈ケース2〉5億円前後は見込んでもよさそうだな…

つまり、必ず２つのシナリオで予測値を算出し、その平均値を現実的な予測値としておくという考え方です。

　＜ケース１＞はうまくいけばハッピーですが、大怪我をする可能性もある。一方、＜ケース２＞のほうは５億円という現実的なシナリオの「確実性」は高いと考えられます。予測値は同じ５億円でも、その意味合いはまったく異なります。

　そして、ビジネスにおいては「予測値が５億円」という数字よりも、その計画はどのくらい危険をはらんでいるのか、最悪の場合はどんなことが起こるのかをあらかじめ数字でつかんでおくことのほうがはるかに重要なのではないでしょうか。

　数字に強い人は、このことをよく知っています。
　ですから、このような場面でピンポイントの予測値を出しません。

**　数字に強い人は、３つの売上げ予測を立てている。**

　新規事業の５億円という予測は最悪の場合、○億円の着地になるかもしれないなとあらかじめ想定しておけば、既存事業でリスクマネジメントもできますし、いざというときにも、とっさに対処できます。
　しかし、「想定外」は想定していないわけですから、対処しようがありません。はっきり言って、これは事故です。

　そろそろまとめましょう。

**　ビジネスにおける予測は、上振れや下振れするものです。**
**　だからこそ、あまりにピンポイント過ぎると逆に説得力がなく、少し幅があったほうがビジネスに役立つ情報になり得るのです。**

ビジネスは人や環境の影響を大きく受けます。残念ながら、学生時代の算数や数学のように公式どおりにはいかないのです。そう考えれば、あなたの予測を伝える際の数字の使い方も、自然に変わってくるのではないでしょうか。

たったコレだけ！　数字に強くなる裏ワザ

☑ **3つの数字で、あなたの予測に説得力を持たせよう**

Lesson 16 数字に強い人は「許される誤差」を知っている

ここまで紹介してきた、数字に強い人の考え方。
そのどれもが算数レベルの数的操作とちょっとした考え方だけで十分に理解できる内容でしたが、最後はほんの少しだけ数学的に深いところに入っていきたいと思います。

ただ、そうはいっても難しい理論や数式は登場しません。しかし本質はしっかり理解できるようになっていますので、ご安心ください。

では、本題に入りましょう。
テーマとして用意したのは、マーケティング部門などは重要な仕事になるであろう「リサーチ」です。
次の問題のようなリサーチを東京都民の中からランダムに数人抽出して実施したとします。ただし、このリサーチは、1サンプルにつき100円かかるとしましょう。

問題

「あなたは、2020年に開催される東京オリンピックが楽しみですか?」というリサーチを実施しました。

① 100人抽出して実施したところ、70%が「YES」と答えました。もし、すべての東京都民にアンケートできたとしたら、何%が「YES」と答えると予測できるでしょうか。

② 500人抽出して実施したところ、70%が「YES」と答えました。もし、すべての東京都民にアンケートできたとしたら、何%が「YES」と答えると予測できるでしょうか。

まずは①から考えていきましょう。

100人のうち70%が「YES」と答えたから、東京都民の中でもズバリ70%いると予測できる。

本書をここまで読まれたあなたなら、この主張には違和感を覚えるはずです。そう、なぜそんなピンポイントな数字だけで予測を語れるのかということです。

予測には「幅」があるほうが自然だとすでにお伝えしましたが、このケースでもまったく同じことがいえます。

仮に60%から80%くらいの間としておきましょう。

次に②について考えます。

もちろん、これもズバリ70%ですとは予測しにくいですよね。ただ、先ほどよりもサンプル数は多いので、「幅」はもう少し小さくてもよいのではないでしょうか。

仮に65%から75%くらいの間としてみましょう。

ここまでの直感的な議論を仮に正しいとするならば、こういうことが言えます。

予測の「幅」を±5％小さくするために、費用は5倍もかかる。

もしたった1％の違いが重要な調査なのであれば、費用はいくらでもかけるべきでしょう。

しかしそうでないのなら、費用を5倍もかけてまで「幅」を±5％小さくしたところで得られる結果は①も②も「まあ、だいたい70％前後でしょう」です。何だかもったいない気がしませんか。

つまり、**ざっくり「傾向」がつかめれば十分なのであれば、「幅」はある程度大きくてよく、サンプル数も最低限でよい**と言えるのです。

そこで、解決したい問題がひとつ浮かび上がります。

このくらいの「幅」を許容できるなら、サンプル数はこのくらいでOKです。

このようなルールのようなものができないだろうか、と。
この問題を数学的に解決したものが、次の表になります。

サンプリング誤差　早見表

サンプル数	回答比率				
	YES10% NO90% または YES90% NO10%	YES20% NO80% または YES80% NO20%	YES30% NO70% または YES70% NO30%	YES40% NO60% または YES60% NO40%	YES50% NO50%
500	± 2.7%	± 3.6%	± 4.1%	± 4.4%	± 4.5%
200	± 4.2%	± 5.7%	± 6.5%	± 6.9%	± 7.1%
100	± 6.0%	± 8.0%	± 9.2%	± 9.8%	± 10.0%

この表はこのようなケースでのサンプル数と回答比率で、実態との誤差がどのくらい生じるのかを数学的に算出したものです（一部抜粋したものであり、実際は 500 より大きなサンプル数も誤差を算出できます）。

　この表を使えば、先ほどの問題はこう数学的に解決することができます。

①サンプル数 100 でリサーチをした結果、「ＹＥＳ」と答えた人の比率が 70％だとしたら、実態は 70％± 9.2％。つまり、実態は「ＹＥＳ」が 60.8 〜 79.2％くらい存在するであろうと考えます。

②サンプル数 500 でリサーチをした結果、「ＹＥＳ」と答えた人の比率が 70％だとしたら、実態は 70％± 4.1％。つまり、実態は「ＹＥＳ」が 65.9 〜 74.1％くらい存在するであろうと考えます。

　いかがでしょうか。先ほど筆者が仮で結論づけた「幅」とほぼ一致しますね。

　少し数学的に補足をしますと、これは 100 回調査を繰り返すと、5 回は結果がこの範囲から外れる可能性があることを前提としています。
　要するに、完璧な予測なんてあり得ませんよと言っているのです。

　ここまで「幅」と表現してきたものを統計学では「実態との誤差」と表現しますが、このあたりの理論を理解する場合は統計学をしっかり勉強する必要があります。
　本書は統計学の解説書ではありませんので、専門的な解説は他に譲ることにしますが、本書を読まれたあなたは、ぜひここで紹介し

た「感覚」を身につけていただきたいと考えます。

　数字が苦手な人は、つい「正確に越したことはないから、多ければ多いほどよい」と考えてしまいがちです。
　一方、数字に強い人は「そもそも実態を正確に知るなんて不可能だから、どのくらいの誤差を許して予測を終えるかを決めて、最低限のサンプル数だけあればよい」と考えます。
　なんだか、真逆の発想ですね。

- 誤差を許す
- ありもしない正解を追いかけない

　あなたもこの感覚をぜひ持っておいていただきたいと思います。

　さて、第2章の後半では「説得」をテーマに4つほど話をしてきました。

- 相手の「ハッピー」を数字で定義する
- 「割り算」で伝わりやすい数字に変換する
- 予測値はピンポイントではなく、幅をもって伝える
- その「幅」に数学的根拠があれば説得力はさらに増す

　これらを実践できない人など、おそらくいません。ちょっとした考え方と数学的理論のチカラをほんの少し借りるだけで、あなたのコミュニケーションには説得力が備わるのです。

　そろそろ、第2章のまとめに入りましょう。
　数字に強い人が共通して持つ「定量化する」と「説得する」ための思考回路をたくさん説明してきましたが、思考回路、すなわち考え方というのは一度身につければ一生ものの武器になります。

たとえば、あなたが「論理的な人」なら、それ自体を否定しない限りは一生「論理的な人」のはずです。

　もう一度言います。
　あなたは、プロフェッショナルも使う「一生ものの武器」を手に入れたのです。

たったコレだけ！　数字に強くなる裏ワザ

☑「誤差をどのくらい許すか」という感覚を持て

（ 第3章 ）

もうダマされない！
あなたを惑わす
「数字のマジック」対処法

あなたの人生から「損」をなくしたい

　本書もいよいよ後半戦。

　第2章は「考える」という少々お堅く真面目な（？）テーマでしたが、この第3章は少し空気を変えましょう。楽しく読み進めていただきたいと思います。

「数字に惑わされるな！」

　こんなフレーズを耳にしたことはないでしょうか。

　街を歩いていても、家でもテレビやラジオからさまざまな宣伝文句とともに数字が飛び込んできます。そう、あなたをどうにかして口説こうとする魅力的な数字たちです。

　でも当然ながら、私たちはそんな数字に惑わされて損をすることがないよう、賢くありたいものです。

　誰かの作った「おいしそうに見える数字」に惑わされるか否か。

　これは、**あなたの人生において「損」をしないで済むかを決める重要なポイント**でもあるです。

　どうやら、第3章はビジネスというよりは、あなたがこの先も賢く生きていくうえで大切なテーマになりそうです。

　つい誘惑されてしまう、そんなあなたに7つの**「数字のマジック」**対処法をお伝えします。

Lesson 17 | バーゲンセール！　慌てて 「おいしい数字」に食いつかない

なぜ、数字のマジックに惑わされてしまうのか。

　いきなりですが、このテーマをシンプルな論理的思考でアプローチしてみましょう。

　なぜ、数字のマジックに惑わされるのか。それは、そのカラクリを見破れないからです。では、なぜカラクリが見破れないのか。それは、**見破るコツを知らないから**です。

　ですから本章では、簡単なのに意外と知らない「見破るコツ」をお伝えしていくことにします。

　言い換えれば、数字に強い人が自然にやっている「裏ワザ」とも言えるでしょう。

　ところで、あなたはバーゲンセールが好きですか？

「人ごみは苦手だ」という人もいらっしゃるかもしれませんが、バーゲンセール自体が嫌いという方はあまりいないのではないでしょうか。

　バーゲンセールには魅力的な「おいしい数字」ばかりが並んでいます。ついついあれもこれもと買ってしまい、レジで金額を見たら思ったより……なんて経験、ありませんか？

　筆者の友人（男性）から聞いたエピソードをひとつご紹介しましょう。

最大50% OFF ！

　そんなバーゲンセールのポスターに惹かれ、アパレルショップに飛び込んだそうです。

　店内は大にぎわい。テンションが上がる一方の彼は、ジャケットやカーディガン、バッグや小物など数点を手にし、レジへ向かいました。

　そこで表示された金額はなんと、51,516円（税込）。財布に5万円程度しかなかった彼は、慌てて何点かをキャンセルしたとか……。よほど「50% OFF」の数字が頭に強く残ったのでしょう。

　実はこのショップ、後からよく見ると50% OFFの商品は靴下やTシャツなど低単価なものばかり。値引き額の最高は、3万円のジャケットの30% OFFにあたる、わずか9,000円だったそうです。

　筆者だったら、このショップを「最大50% OFFの店」ではなく、「9,000円までしか値引きしてくれない店」と認識します。

　そう認識したうえで、買うか買わないかを考えることでしょう。

　ですから、もし筆者が別のショップの前を通ったときに次のような表記を目にしたとしたら……、

全品30% OFF ！

　この店の商品の中で最高額はだいたいどのくらいだろうかと思いを巡らせます。

　仮に10万円としたら、30% OFFですから3万円引きです。「おお、この店は3万円も値引きをしてくれる店だ。3万円浮けば、靴を2足購入できるし、なかなかのオファーだ。ちょっと入ってみようかな」と考えるかもしれません。

要するに、実際の金額に換算して判断したほうが賢い買い物ができるということです。

　コツは、たったひとつ。

「○% OFF」は金額に換算するということ。

%は金額に換算したほうが賢い

損するタイプの考え方

| 最大 50% OFF の店 | ➡ お、いい店だ |

| 全品 30% OFF の店 | ➡ う〜ん、イマイチな店だ |

得するタイプの考え方

	販売価格の最高	値引額の最高	
最大 50% OFFの店	30,000	9,000	➡ う〜ん、イマイチな店だ
全品 30% OFFの店	100,000	30,000	➡ お、いい店だ

　実際、私たちは「○%」という割引率で商品を購入するわけではありません。「□円」という金額で購入するのです。

　100 円の 50 円引きも 50% OFF
　1 万円の 5,000 円引きも 50% OFF
　1 億円の 5,000 万円引きも 50% OFF

　50% OFF と言われても、その意味合いは無限にあります。ですから筆者は「最大○% OFF」では、何の興味もそそられることはあ

りません。

それがたとえ最大90% OFFだとしても、「だから、何?」です。

なぜなら、○%という表記は、人を惑わすものであることを知っているからです。

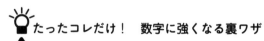
たったコレだけ! 数字に強くなる裏ワザ

☑「○% OFF」は実際の金額に換算せよ

Lesson 18 「顧客満足度90%」って、本当にスゴいの!?

「%」は、人を惑わす表記であるとお伝えしました。

　そこで、この先あなたが「%」に惑わされないために、ちょっとトレーニングしてみましょう。

　さて、質問です。

　高度な技術を必要とするシステム開発会社のＡ社と、化粧品通販のお客様対応を請け負うコールセンター事業のＢ社があります。

　さて、このＡ社とＢ社では、どちらほうが女性比率が高いと想像しますか？

　おそらく、ほとんどの方がＢ社をイメージしたのではないでしょうか。「化粧品」という言葉で無意識に女性向けの商品であるとイメージしたり、無条件で「コールセンターのオペレーターは女性が多い気がするので、女性比率が高いのはＢ社かな……」とアタリをつけるからです。

　では、本題に入りましょう。

問題

　前述のＡ社とＢ社はともに、正社員と正社員以外（たとえばアルバイト）の従業員がいます。
　その女性比率は、下記の表のとおりです。

	正社員の女性比率	正社員以外の女性比率
Ａ社	50%	75%
Ｂ社	40%	60%

　あらためて、Ａ社の全従業員とＢ社の全従業員の女性比率はどちらが高いと言えるでしょうか？

　ここで、「正社員もそれ以外もＡ社のほうが大きいから、全従業員の比率もＡ社のほうが大きい……？」と考えてしまった方、つまり、**先ほどの私の質問にはＢと答え、いま、この問題ではＡと答えた方は要注意**。まさに「％」という数字に惑わされている方です。

　この問題、結論から言えば、「これだけでは、どちらとも言えない」が正解です。いったい、どういうことでしょうか。

　そもそも、「％」という数字は２つの数字からできています。
　今回のケースで言えば、

　女性比率（％）＝女性の人数÷全員の人数×100

　ということは裏を返せば、**「％」という数字だけ見せる行為は、「女性の人数」と「全員の人数」という２つの数字を隠している行為と考えることもできる**のです。

　実際、この問題もＡ社とＢ社それぞれの人数は（少々、極端な例

ですが）次の表のとおり設計していました。

Ａ社とＢ社の女性従業員に関するデータ

		正社員	正社員以外	全従業員
Ａ社	全員（人）	1,000	20	1,020
	そのうち女性（人）	500	15	515
	女性比率（%）	50.0%	75.0%	50.5%

		正社員	正社員以外	全従業員
Ｂ社	全員（人）	50	1,500	1,550
	そのうち女性（人）	20	900	920
	女性比率（%）	40.0%	60.0%	59.4%

　ご覧のとおり、実際はＡ社の全従業員における女性比率はおよそ
50.5％。これに対しＢ社はおよそ59.4％。Ｂ社のほうが大きい数
字となります（小数点第2位を四捨五入）。

　正社員と正社員以外、いずれもＡ社の女性比率のほうがＢ社より
も大きいのに、正社員と正社員以外を合わせた全従業員の女性比率
では大小が逆になる。
　これは、「○人」といった実数では絶対に起こらないことです。
しかし、「○%」という割合では起こり得ます。ですから、「%」と
いう数字はクセモノなのですね。

　では、このクセモノに惑わされないためにはどうしたらいいでし
ょうか。答えは、拍子抜けするほど簡単なことです。

**　その「%」の分母が何かを知る。**

　たった、これだけです。

たとえば「私たちの製品は、顧客満足度90％です！」なんてプレゼンテーションを聞いても、筆者はそれだけでは少しもスゴいとは思いません。
　なぜなら、その90％の分母が何かを把握していないからです。

ランダムに顧客を選んだ調査の90％
➡　それは確かにすごい！

優良顧客に調査した結果の90％
➡　当たり前。むしろ、10％の「NO」は問題である

　お気づきかと思いますが、これはLesson 17の最後で登場した「最大90％OFF」の話とまったく同じことです。
　「％」という数字に惑わされずにうまく付き合うコツ、そろそろつかんでいただけたでしょうか。

たったコレだけ！　数字に強くなる裏ワザ

☑「％」という数字は、分母を把握せずに評価しない

| Lesson 19 | 都合のよいグラフに惑わされるな！
数字に強い人はここにツッコミを入れる！ |

　第2章でお話しした「伝わりやすくする」ためのグラフのひと手間は推奨すべき行為ですが、「相手を惑わす」ためのグラフのひと手間は推奨できません。

　しかし、あなたを口説こうと、相手も必死です。ときには、あなたを惑わすグラフを見せてくるかもしれません。

　その術中にはまらないためにも、グラフの正しい見方をここで確認しておきましょう。

問題

次のようなグラフを使ったプレゼンテーションを聞いたあなた。その主張に対して、「そうとは限らない！」というツッコミどころを探ってください。

① 「佐藤さんと田中さんのある製品の営業成績を比較しました。2人の7月の成績をそれぞれ100としたときの9月までの伸びをグラフ化しています。ご覧のとおり、佐藤さんのほうが田中さんよりもがんばっていますね！」

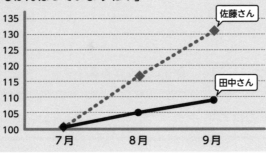

② 「ご覧のとおり、昨年と比較して本年は不良品発生率が減少しています。つまり、製品開発部門の仕事は改善されたということです」

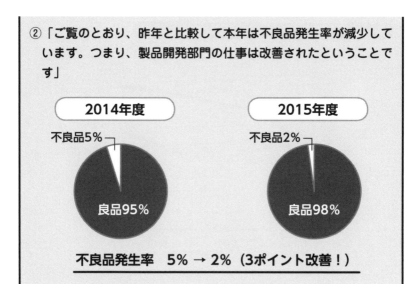

　さて、あなたはそれぞれにどんなツッコミを入れますか。

　まず①ですが、そもそもなぜ営業成績を100とおき、それに対する割合で表現する必要があるのでしょう。シンプルに実数（金額）で教えてくれればいいのに、何かプレゼンターの隠された意図を感じます。
　また、なぜ7月が基準なのでしょうか。6月を基準としたらどうなのか、5月を基準としたらどうなのか……。こちらも、プレゼンターの意図を感じます。

　実は、このグラフを作った元データを、実際の営業成績（金額）で4月から確認してみると、次のグラフのようになります。

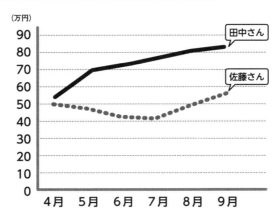

	4月	5月	6月	7月	8月	9月
佐藤さん	50	47	43	42	49	55
田中さん	55	69	72	76	80	83

(単位：万円)

　なるほど、たしかに7月を基準にして割合で表現すると、佐藤さんのほうが「がんばっている」ように見せられそうです。
　しかし、このようなデータの正体を見れば、「営業をがんばっているのは佐藤さん」という主張には、クエスチョンマークがつきますね。

　一方、②についてはどうでしょうか。
　たしかにこの2つの円グラフを見せられると、この1年で不良品の発生を見事に減らしたように感じます。
　しかし、減ったのは不良品発生率（％）であって、不良品発生数を減らしたわけではありません。

　実際、次の表のように2014年度はまったく不良品がなかった製

品Ｂが、2015 年度は 100 も発生しているとしたら、極めて重大な問題が起きていることになります。

「製品開発部門の仕事は改善されている」なんて、とんでもない話です。

2014 年度

	不良品	良品	
部品 A	50	900	
部品 B	0	50	
全体	50	950	1,000

不良品発生率	5.00%

2015 年度

	不良品	良品	
部品 A	10	5,000	
部品 B	100	390	
全体	110	5,390	5,500

不良品発生率	2.00%

というわけで、もし筆者ならこの２つのケースで、すかさずこのようなツッコミを入れるでしょう。

---

①割合ではなく、金額を見せてください。
②割合ではなく、良品数・不良品数の内訳を正確に見せてください。

相手の見せるものが、数字であれ、グラフであれ、結局のところ気をつけるべきポイントは「％」ということですね。

その「%」の分母を把握せよ。
「%」だけ見せる行為は、2つの数字を隠す行為でもある。

　あらためてこのことを肝に命じ、プレゼンターの見せる数字やグラフを眺めてください。
　術中にはまって間違った判断をしてしまったら、あなたにとっていいことは何ひとつありません。

たったコレだけ！　数字に強くなる裏ワザ

☑「分母」を隠したグラフには、すかさずツッコミを！

Lesson 20 | 「10％ポイント還元」と 「500円クーポン」……どっちが得か？

「％」の本質について確認ができたところで、「数字に惑わされない」をテーマに具体的なトピックスに入ることにします。

ここで、とてもシンプルな質問を3つします。
たとえば、定価1,000円のTシャツを1枚購入するとしましょう。Q1からQ3、それぞれどちらが得だと思いますか。

Q1　5％ OFF の店と 10％ OFF の店

Q2　5％ポイント還元の店と 10％ポイント還元の店
　　（いずれも1ポイント＝1円）

Q3　10％ OFF の店と 10％ポイント還元の店
　　（後者は1ポイント＝1円）

Q1は10％ OFF、Q2は10％ポイント還元、当然ですね。
ところが、Q3になると答えに苦しみませんか。なぜ、この問題だけ答えるのが難しいのでしょうか。
それは、**二者が乗っている「土俵」が違うから**です。

Q1は割引率という土俵、Q2はポイント還元という同じ土俵に両者が乗っています。だから損得が判断できます。
しかし、Q3はそうではありません。何をもって得かを決めないことには、判断のしようがないのです。

では、どうしたらいいでしょうか。答えは極めてシンプルです。

両者を同じ土俵に乗せる。

そこで、ここでは数字に強い人がよく使う考え方をひとつ紹介することにしましょう。具体的には、実質割引率を計算することで両者を同じ土俵に乗せ、どちらが得かを評価する考え方です。

実際に支払った価値と得た価値を割合で表現し、1（100%）から引き算することで実質割引率をつかみます。

10% OFF の場合

900 円を支払い、1,000 円の商品を得た

$$\frac{支払った価値}{実際に得た価値} = \frac{900}{1,000} = 0.90$$

ですから、実質割引率はもちろん 1 − 0.90 = 0.10（10%）

10%ポイント還元の場合

1,000 円を支払い、1,000 円の商品と 100 円分のポイントを得た

$$\frac{支払った価値}{実際に得た価値} = \frac{1,000}{(1,000 + 100)} = 0.909\cdots \fallingdotseq 0.91$$

ですから、実質割引率はおよそ 1 − 0.91 = 0.09（9%）

以上より、実質割引率が高い「10% OFF」のほうが得であると評価できます。

「何をもってお得か」をこう定めれば、ポイント還元であろうとクーポン券であろうと、実質割引率という数字で評価ができます。

　こういう考え方が身についていれば、店側が見せる「おいしい数字」に惑わされることなく合理的な判断ができるようになります。

　類題をご用意しましたので、ぜひチャレンジしてください。

問題

　あなたは、あるドラッグストアの500円引きクーポン券を持っています。このクーポンの有効期限は今日までです。

　この店は通常5％のポイント還元（1ポイント＝1円）を行なっていますが、明日だけ「ポイント2倍デー」を実施します。

　ただし、この店はクーポンを使用したお買い物にはいっさいポイントは還元されないとします。

　今日か、明日のうち1回だけこのドラッグストアを利用するとしたら、あなたはどうしますか？

（今日、利用するほうが得？　それとも、明日まで待つほうが得？）

※本問では、実質割引率の高いほうを「得」と定義します

　さっそくですが、筆者はこう考えます。

　このドラッグストアでいくら購入するかによって、その判断は変わってくると……。

仮に購入金額を X（エックス）とおくと、

今日、クーポンを使った場合

（X − 500）円を支払い、X 円の商品を得た

$$\boxed{\frac{支払った価値}{実際に得た価値}} = \frac{X - 500}{X}$$

実質割引率は $1 - \dfrac{X - 500}{X} = \dfrac{500}{X}$

明日、ポイント還元サービスを受けた場合

ポイントが2倍ですから、5％の2倍である10％が還元されます。すでにお伝えしたように、この場合は実質割引率がおよそ0.09です。

つまり、この両者の損得がちょうど入れ替わる分岐点となる金額は数学的にこう表現できます。

$$\frac{500}{X} = 0.09$$

あとは、これを満たす X を計算すればよいでしょう。

$$X = 500 ÷ 0.09 ≒ 5,556 \quad （小数点以下は四捨五入）$$

ものすごくざっくり言えば、このドラッグストアでの購入金額がだいたい5,500円より小さければ今日クーポンを使って買い物をしたほうが得であり、この金額よりも大きければ明日のポイント2倍デーまで待ったほうがよいと判断できます。

参考までに、購入金額を5,000円から6,000円まで100円単位に分けて実質割引率を比較したものが次の表です。

　購入価格が増えればクーポンの実質割引率は下がっていき、10％ポイント還元の実質割引率は価格によらず一定であることがおわかりいただけると思います（小数点第2位を四捨五入）。

実質割引率の分岐点

購入価格	実質割引率 500円引きクーポン	実質割引率 10％ポイント還元	
¥5,000	10.0％	9.1％	
¥5,100	9.8％	9.1％	
¥5,200	9.6％	9.1％	
¥5,300	9.4％	9.1％	
¥5,400	9.3％	9.1％	
¥5,500	9.1％	9.1％	←だいたいの分岐はココ
¥5,600	8.9％	9.1％	
¥5,700	8.8％	9.1％	
¥5,800	8.6％	9.1％	
¥5,900	8.5％	9.1％	
¥6,000	8.3％	9.1％	

　いかがでしたでしょうか。前項までは「％」という数字の気をつけるべきポイントをご説明してきました。しかし一方で、今回の「同じ土俵に乗せる」のように正しく使うことができれば、あなたの武器になってくれる便利なものでもあるのです。

　複数の「おいしい数字」を比較し、その中から得な選択ができるようになったら、もうあなたは上級者の仲間入りです。

たったコレだけ！　数字に強くなる裏ワザ

☑ 実質割引率＝1－（支払った価値÷得た価値）

Lesson 21 数字に強い人は「お得だから」ではなく、「必要だから」買う

「おいしい数字」には「％」以外にもいくつかパターンがあります。
　そのひとつが「効率がよい」ことを数字で訴求するパターンです。
　たとえば、身近にあるこんな事例からご紹介しましょう。

　ある日、筆者が近所のスーパーマーケットに買い物に出かけたときのこと。
「いまだけバナナが20本セットで1,000円！　なんと1本あたり50円！」という特売の店頭ＰＯＰを見つけました。
　バナナは、筆者が好きなフルーツのひとつ。思わず目が留まります。

バナナ　20本　1,000円　➡　1,000 ÷ 20 ＝ 50円／本

　ところが、いつもの果物コーナーに行くと、別のバナナが通常どおり300円（ただし5本）で販売されています。

バナナ　5本　300円　➡　300 ÷ 5 ＝ 60円／本

　1本あたりの価格、つまり「より多くのバナナを効率よく購入する」という考え方なら、つい20本セットを選んでしまいそうです。
　しかしこのとき、筆者は迷わず300円（5本）のバナナを購入しました。
　いったいなぜか、その理由はもうおわかりですね。

そんなに必要ないから。

　普通に考えたら、20本のバナナをすべて食べ切るには2、3週間はかかるでしょう。痛みやすい果物の代表格であるバナナですから、結局、食べずに捨ててしまうことも考えられます。どう考えても、20本セットの購入は「損」をする可能性が高い支出なのです。

　ですから、5本もあれば十分。その後も食べたければ、1週間後にまた購入すればよいのです。

　よく似た事例になりますが、第2章のLesson 14において、粉末ココアの事例を紹介したことを覚えていますか。

たっぷり200袋（40袋×5）
4,104円（税込）
11月末まで！

　そして、このチラシにあった「口説きの数字」は次のとおりでした。

なんと、1袋あたり19円！（税抜）

　たしかに、1袋あたり19円は安い気もしますよね。

　ですが、まだこのココアを飲んだことがない筆者は同時に、こうも思うのです。

「まだ味もわからない粉末ココア、200袋も必要か？」

このように筆者は「お得だから」「効率的だから」という理由で購入するのではなく、「必要だから」という理由で購入することを徹底しています。

　第2章では、このエッセンスを説得する側から論じましたが、本項はまさにその逆。あなたを口説こうとする「割り算」に惑わされず、損をしない選択をしたいものです。
　そして、このエッセンスは普段の生活だけではなく、ビジネスにおいても重要なものなのです。

「たしかに仕入れ値は安いけど、この製品の在庫ってそんなに必要？」
「たしかにアルバイトのほうが人件費は安いけど、でもこの店にそもそもアルバイトが必要？」
「たしかに1サンプルあたりの値段は安いけど、この程度のリサーチにサンプル数はそんなに必要？」
　…………etc.

　きっといま、この瞬間にも日本中、いや世界中でこのような数字を使った駆け引きが行なわれているのですね。

　そろそろまとめましょう。
　数字に強い人は、損をしにくい人です。なぜなら、「お得だから」ではなく、「必要だから」という視点を持っているからです。
　そして、このような「おいしい数字」に惑わされないコツはたったひとつ。

「そんなに必要？」というツッコミを自分自身に対してすること。

　余談になりますが、このような性格が災いしてか、筆者は「福袋」

というものをこれまで一度も購入したことがありません。

　たとえば10点のファッションアイテムが入った1万円の福袋よりも、間違いなく必要で長く着られる定価1万円のニットを1枚購入したほうが絶対に賢いと思ってしまいます。

　何より、「そんな10点も、いま必要？」と思ってしまうのですね。
　筆者も多くの方と同じように、お正月のイベントとして楽しむものと割り切れればいいのでしょうが……。

たったコレだけ！　数字に強くなる裏ワザ

☑ 損をしないコツは、効率よりも必要性で判断すること

Lesson 22 | 街中にあふれている 「作られた数字」を見抜く

　あなたを口説こうとする「おいしい数字」は、たいてい相手が試行錯誤しながら練りに練ったもの、つまり「作られたもの」です。

　何が言いたいかというと、もしあなたが普段の生活シーンであれ、ビジネスシーンであれ、数字を使って口説かれたとしたら、**「その数字はどうやって作ったのか？」** という視点で対処してほしいということです。

　具体例を挙げましょう。
　ある日、筆者が地下鉄に乗車していたときのこと。ふと窓の上に掲示されている転職サービスの額面広告に目が留まりました。

Ａナビ転職
〜転職で使いたいサイト No. 1 〜

　まさに転職希望者を口説く数字。「No. 1」なんて、これ以上ないほど強力な口説きの数字ですね。
　もちろんＡナビはすばらしいサービスではありますが、しかしもしあなたが転職希望者だとしたら、この「No. 1」の正体をきちんと知っておく必要があります。

　この数字は、どうやって作ったのだろう？

そんな視点を持ってください。その答えは、たいていポスターや
ＷＥＢ画面に小さく注釈という形で掲載されているはずです。
　気になった筆者が後日ＷＥＢサイトを確認したところ、このリサ
ーチの概要としてこのような情報が記載されていました。

**調査対象：東名阪在住の 20 ～ 39 歳男女かつ転職支援サイトの認
知者および接触経験者**

　筆者はこれを読んだ瞬間にこう考えました。
　なぜ、東京、名古屋、大阪だけなのだろう。全国で調査した結果
のほうが説得力あるはずなのに……。
　また、なぜ 20 ～ 39 歳なのだろう。もっと年齢層を広げた調査
のほうが、説得力があるのではないだろうか。
　さらに、転職支援サイトの認知者および接触経験者が対象とのこ
と。要するに、この「No. 1」は意図的にサンプルを限定させての
調査結果ではなかろうか。

　実際、この競合になるであろう別サービスはほぼ同時期、このよ
うな宣伝文句で転職希望者を口説いていました。

Ｂナビ next
～転職決定数 No. 1 ～

　そして、その根拠となるリサーチの概要としてこのような情報が
注釈に記載されていました。

調査対象：20 ～ 59 歳男女、全国在住

誤解ないようお伝えしておきますが、だからＡナビ転職の広告が悪いと言いたいわけではありません。当然、Ｂナビ next のほうを推奨しているわけでもありません。

　ここで強く言いたいのは、両社とも宣伝広告という仕事として、していることは 100％正しいということ。
　だからこそ、あなたは表面上の「作られた数字」に惑わされず、そのサービスの長所をちゃんと理解し、本当に自分に合うサービスを自分の力で見つけなければいけませんよね、ということです。

　最後に、あなたがそんな人になれるよう、「作られた数字」の正体を見抜くトレーニング法をひとつご紹介しましょう。

　休日に街に出たとき、自宅で新聞や雑誌を読んでいるとき、さまざまな広告を目にすることと思います。
　そんな広告に記載されている「口説きの数字」は、どう作ったのかをぜひ探ってみてください。
　その方法は極めて簡単。おそらく小さい文字で記載されているであろう、注釈をよく読むことです。

　たとえば次ページの図は、ある世界的な化粧品ブランドのショップで実際にあった店頭ＰＯＰです（お店は日本国内にありました）。

　あなたはこれを見て、日本で 28 秒に 1 本売れている商品だと勝手に認識してはいけません。
　筆者はこの「28 秒に 1 本」を目にした次の瞬間、このＰＯＰの最下部に小さく書かれている注釈を確認してみました。

　案の定、そこには次の（極めて重要な）2 つの情報が書かれていました。

> いま話題の超人気コスメ！
> なんと
> **28秒に1個**
> 売れています
>
> ・全世界を対象としています
> ・1日を10時間として計算しています

- 全世界を対象としています
- 1日を10時間として計算しています

そう、実態はあなたの認識とはまったく違います。
特に後者は笑ってしまいますね。

数字に強い人は、その数字をどう作ったかを探る。
数字が苦手な人は、その数字だけを見てそのまま信じる。

多くの場合、「口説く数字」それ自体に真実はありません。小さく書かれた注釈にこそ、真実があるのです。

たったコレだけ！　数字に強くなる裏ワザ

☑ 作られた数字の正体は、欄外に小さく書かれた注釈にある

Lesson 23
一瞬で見破る！
小さな数字を大きく見せるトリック

　そろそろ第３章も残りわずかになってきました。
「数字のマジック」だなんて、なんだか大袈裟な表現だったかもしれません。それほど、ちょっとした点に気をつけるだけで、あなたは数字に惑わされずに済むのです。

　さて、第３章の最後はこの「数字のマジック」の本質について触れたいと思います。
　実は、「数字のマジック」とは突き詰めていけば次の２行に集約されます。

**　小さい数字を大きく見せる。**
**　大きい数字を小さく見せる。**

　バーゲンセールをする店の表記、バナナを売るスーパーマーケット、粉末ココアの通販、あの有名な転職サービス、化粧品の店頭ＰＯＰ、結局これらすべてがこの２行に当てはまるのです。

　ですから、もしもあなたが本書でこの２行を実現できるすべてのテクニックを知ることになれば、今後は「数字のマジック」などに惑わされることは決してないということになります。

　小さい（大きい）数字を大きく（小さく）見せるテクニック。
　実は、本書でまだご紹介していないものがひとつだけ残っています。

それは、極めて単純なものではありますが、一方で数字に強い人になるために極めて重要な視点でもあります。それは、

「単位」を換えることです。

　たとえば 1,000（万円）という金額。この金額をできるだけ小さい金額に感じてもらいたい場合、あなたならどんな表記の工夫をしますか。

$$1,000 \text{（万円）} = 0.1 \text{（億円）} = 0.00001 \text{（兆円）}$$
（大きく感じる　　⇔　　小さく感じる）

おそらく、このような発想に至るのではないでしょうか。
　1,000（万円）という金額自体は変えることはできませんから、相手の直感に働きかけるためには、単位を換えることで表記に使う数字を変えるしかありません。

　あなたは意識していなかったかもしれませんが、人は必ず数字と単位をセットにして見たり、しゃべったりしています。
「100」という数字だけでは何が何だかサッパリわかりませんが、「100 人」と単位がつけば、その数字の意味がわかります。

　ということは裏を返せば、普段あなたが見ている「数字」よりも、実はその隣にある「単位」のほうが重要な存在なのです。そして、その単位を見誤ることは、あなたが数字に惑わされることに直結してしまうのです。

数字に惑わされたくなければ、数字より先に「単位」を見てください。

　この話の典型的な例が、あまりにも有名なこの表記です。栄養ド

109

リンクのＣＭでお馴染みの表現ですね。

$$タウリン 1000 \text{(mg)} = タウリン 1 \text{(g)}$$
（大きく感じる　⇔　小さく感じる）

　単位を換えれば、小さい数字も大きく見せることができる。ならば、単位さえ正しく把握できれば、決して数字に惑わされることもありません。

　余談ですが、これも（少々テクニカルではありますが）単位を巧みに換えることで、小さい数字を大きく見せている事例ですね。

$$レモンが 1 \text{(個)} = ビタミンＣが 20 \text{(mg)}$$
（大きく感じる　⇔　小さく感じる）

　清涼飲料業界では、レモン1個分のビタミンＣは20mgであると定義して表記をしているそうです。
　20mgというのは、たとえば風邪薬などの錠剤やカプセル1錠分の重さに過ぎません。ビタミンＣが20mgと言われるとなんだか少ない気がしますが、レモン1個分と言われるとあの酸っぱいレモン丸ごと1個を想像しますから、ものすごいビタミンＣの量だとつい思ってしまいます。
　直感に頼らず、数字に惑わされず、正しい認識で「レモン〇個分のビタミンＣ」を補給したいですね。

　さて、そろそろまとめましょう。
　第3章ではあなたが数字に惑わされ、結果として損をすることがないように、筆者が考え得る「数字のマジック」とその対処法を紹介してきました。

　この先の人生においても、あなたをどうにか口説こうとする輩が、さまざまな「数字のマジック」を仕掛けてくるでしょう。

どうか「おいしい数字」に惑わされることなく、正しい判断ができることを祈っています。

たったコレだけ！　数字に強くなる裏ワザ

☑ 惑わされたくなければ、数字より先に「単位」を見よ

（第4章）

真実が見えてくる！数字の「裏」まで読み解く技術

数字の「裏」を読める
ビジネスパーソンの時代

　第3章では「あなたを惑わす」数字に対する対処法を説明してきましが、世の中にあふれている数字は決してそんな意地悪な数字ばかりではありません。むしろ、単に事実を正確に表しているだけの数字のほうが、たくさん存在するはずです。

　だからこそ、あなたには“あるスキル”が必要になってきます。

　たとえば新聞で「2人以上世帯の平均貯蓄額 1,739 万円（平成25 年）」という見出しを見たとき、あなたはどう感じるでしょうか。

　この数字を見て「ふ〜ん、そうなんだ」で終わる人と、この数字の背景にあるものはいったい何かを読み取れる人とでは、どちらがデキる人物か、説明の必要はないでしょう。

　最終章であなたにお伝えしたいことは、こういうことです。

**　数字の「裏」まで読み解けるようになりませんか。**

　世の中は、すでに大量のデータであふれています。あなたが欲しい数字はおそらく労せずして手に入ることでしょう。

　だからこそ、その数字を正しく読み取り、その裏側にある隠された真実にたどり着くスキルがあなたに求められるのです。

　数字の「裏」を読めるビジネスパーソンの時代が、すぐそこまでやって来ています。

Lesson 24　数字を読む基本が身につく、たったひとつの視点

　そもそもあなたは「数字を読む」ことができているでしょうか。
　多くの方が正しく認識できていないのですが、実は「数字を見る」と「数字を読む」はまったく違います。

数字を見る：事実の把握のみ。まさに見ただけ。
数字を読む：数字を見て、そこから何が言えるかを考える。

　先ほどの「2人以上世帯の平均貯蓄額1,739万円（平成25年）」の例を借りれば、数字を見ただけの人は「ふ〜ん、そうなんだ。けっこう高額なんですね」でおしまいです。

　一方、数字を読む人は「平均は1,739万円だけど、そんなに貯蓄のある人が大勢いるとは思えない。かなりバラツキのあるデータであり、額が極端に多い人もおそらくいるだろう。貧富の差が大きいことがうかがえるな」となります。
　そして過去の数字にも関心を示し、この貧富の差がどう変化してきているのかという傾向まで読み解いていくことでしょう。

　しかし、筆者が研修の場でいくら「数字を読んでください！」と言ったところで、どうしたらよいかわからず戸惑う人も少なくありません。
　数字は目に入ってくるけれど、そこからどう頭を働かせたらよいかわからないのです。
　そんな人に、筆者はとても簡単なコツをひとつだけ伝えています。

それは、目的を持たず単に眺めるのではなく、「**傾向と異物を見
つけるという視点を持つこと**」です。

そこで、ある企業の数字を読む問題を用意しましたので、ぜひあ
なたもチャレンジしてください。

会社の数字と聞くと、ＰＬ（損益計算書）・ＢＳ（貸借対照表）を
イメージする方も多いと思いますが、これらの数字の読み方は他に
いくらでも専門書がありますので、本書では少し違った角度から「数
字を読む」の本質を体感していただきましょう。

問題

次のデータは、東京ディズニーリゾートを運営するオリエンタル
ランド社の決算資料から抜粋した数字です。
この数字から、同社について言えることは何でしょうか。

	2011年	2012年	2013年	2014年
売上高	360,060	395,526	473,572	466,291
営業利益	66,923	81,467	114,491	110,605
純利益	32,113	51,484	70,571	72,063
総資産	383,084	432,262	493,697	564,129
株主資本	383,548	426,309	487,332	546,966
有利子負債	149,580	124,020	58,447	57,841

(単位：百万円)

	2011年	2012年	2013年	2014年
営業利益率（％）	18.59%	20.60%	24.18%	23.72%
総資産回転率（回／年）	0.94	0.92	0.96	0.83
株主資本利益率（％）	8.37%	12.08%	14.48%	13.18%
有利子負債依存度（％）	39.05%	28.69%	11.84%	10.25%

〈補足〉

指標	計算式	説明
営業利益率	営業利益÷売上高	どのくらい収益性があるか
総資産回転率（回／年）	売上高÷総資産	総資産を効率的に活用できているか（総資産が1年に何回使われたか）
株主資本利益率（ROE）	純利益÷株主資本	株主が投資したお金を使ってどれだけ利益を生み出したか
有利子負債依存度	有利子負債÷総資産	総資産に対して有利子負債（利子つきの借金）がどれくらいあるか

117

いきなりたくさんの数字や専門用語が出てきて、ストレスを感じさせてしまったかもしれません。ですが、何も目的を持たず単に眺めているだけでは、だんだん目がチカチカしてきますし、それこそストレスは増えるばかり……。

　先ほどお伝えした「傾向と異物を見つけよう」という意識で、まずはこの数字を読んでみてください。用語の意味は、その後に確認していただければ結構です。

　そうすればあなたにも、この会社の現状をざっくり語ることが十分可能です。たとえばこのように……。

①収益性、効率性、生産性は順調にレベルを高めてきた企業。

②しかし、2014年度はそれらが前年とほぼ同程度か若干のダウン。この先もずっと順調とは言えず、2015年の数字によっては企業として改善を要するものも出てくるだろう。

③さらにざっくり言えば、借金に依存しない体質に変化してきている企業でもある。

④特に2013年に有利子負債を激減させたことが大きい。おそらく、社債や借入金などに大きな変化があったと推測できる。

　まず①は、複数の数字から傾向をつかんだことによる情報です。そして、②はずっと上昇していた数字がここだけ減少している、つまり異物です。続いて③は傾向。④は極端に減少している、つまり異物です。

　数字は大小を表現できる唯一の言葉です。ですから結局のところ、数字を読む基本は「増えた・減った」をつかむことにほかなりません。

「増えている・減っている」の傾向と、「極端に増えた・極端に減った」「ここだけ増えた・ここだけ減った」の異物がつかめれば、それで十分なのです。

　この話は、あなたがどんなデータを読むにせよ、決して変わることのない重要な視点です。
　しかし、もしあなたが大量のデータを読まなければならないとしたら、これはさすがに骨が折れます。
　そんなときに数字に強い人は何をしているのか、次のLesson 25で説明しましょう。

たったコレだけ！　数字に強くなる裏ワザ

☑ **数字を読む基本は、「傾向と異物を探る」こと**

Lesson 25

すばやく数字を読める人が、いちばん最初にしていること

　お伝えしたように、数字を読む基本は「傾向と異物を探す」ことです。

　しかし、そうは言っても数字が苦手な人は、やはり数字の羅列を眺めるのは決して楽しい行為ではないでしょう。先ほどのオリエンタルランド社の数字を眺めたときにストレスを感じたあなたも、そんなひとりかもしれませんね。

　では、できるだけストレスを感じることなく、傾向と異物を探すウマい方法はないものでしょうか。

　実は、誰でもできる簡単な方法がひとつあります。あなたが拍子抜けするほど、極めてシンプルな方法です。

まずはグラフ化してしまう。

　たった、これだけです。

　たとえば、次のデータから傾向と異物を探してみましょう。

問題

　以下のデータは「ユニクロ」でお馴染み、株式会社ファーストリテイリングのグループ事業別業績（2010 年 8 月期〜 2014 年 8 月期）です。

　このデータからどんなことが言えるでしょうか。

		2010年8月期	2011年8月期	2012年8月期	2013年8月期	2014年8月期
国内ユニクロ事業	売上高	6,151	6,001	6,200	6,833	7,156
	営業利益	1,277	1,062	1,023	968	1,106
海外ユニクロ事業	売上高	727	937	1,531	2,511	4,136
	営業利益	63	89	109	183	347
グローバルブランド事業	売上高	1,252	1,240	1,530	2,062	2,512
	営業利益	78	87	145	174	163

(単位：億円)

　筆者の私ですら、この表の状態のままでは数字が読みにくく、ストレスも感じます。

　なぜなら、最上段の「国内ユニクロ事業」の売上高を読み、その後はその下の段にある営業利益の数字を読み……といった具合に、考えながら目線をたくさん動かさないといけないからです。

　そこで、まずは“何も考えず”とにかく折れ線グラフにしてしまいます。

　このグラフは、あくまで自分が数字を読むために使うグラフであり、後で誰かに見せるものではありませんから、体裁や見栄えなどはいっさい考える必要はありません。“何も考えず”グラフにしてみることがコツです。

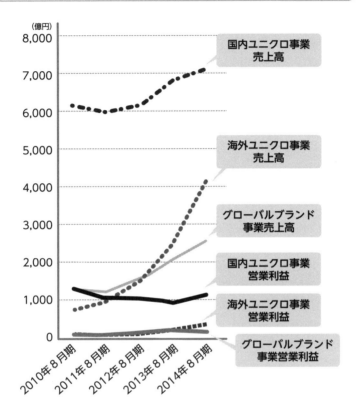

いかがでしょうか。一気に「傾向」と「異物」が探しやすくなったのではないでしょうか。

国内ユニクロ事業、海外ユニクロ事業、グルーバルブランド事業、いずれも売上げは右肩上がりです。

ところが、国内ユニクロ事業の営業利益が伸び悩んでいることが一目瞭然です。売上高は右肩上がりにもかかわらず、営業利益は停滞している国内ユニクロ事業はまさに「異物」。何か解決すべき経営課題があるのではと推測することができます。

このように、少しでもデータ量が多くなってきた場合は、グラフ化された状態で傾向と異物を探すことをお勧めします。
「グラフを読む」も、立派な「数字を読む」です。ほんのわずかの作業で数字が読みやすくなるなら、やらない理由などありませんね。

　ちなみに、これは筆者だけが行なっている仕事術ではありません。
　研修の現場でExcelを使ってデータを触るトレーニングをしていると、数字に強く成果も出している人は、Excelデータをすぐにグラフ化する傾向があります。
　ところが、数字が苦手な人ほどExcelの表に並んだ数字をじっと眺めたり、なんとなく数字を加工してみたりしているのです。そのなんとなくな作業もひととおり終わってしまうと、結局はその表に並んだ数字をじっと眺めながら「う〜ん」と唸っているのです。

　当然ながら、すばやくその数字を読み解くのは前者です。

　これもまた、数字に強い人とそうでない人とのちょっとした差なのでしょう。

　第2章でお伝えしたグラフの話は、いわば「相手に数字を見せるためのグラフ化」です。
　しかし、グラフというものは伝えるためだけに役立つものではありません。
「自分で数字を読むためのグラフ化」をぜひ明日から実践してみましょう。

たったコレだけ！　数字に強くなる裏ワザ

☑ **仕事がデキる人は、グラフにしてから数字を読んでいる**

Lesson 26 使うだけで数字の裏が驚くほど読めるようになる3つの「キーワード」

　さて、基本を確認したところで、いよいよ数字の「裏」まで読めるコツをお伝えしていくことにしましょう。

　結論から言うと、そのコツとは3つの「キーワード」を使いながら数字を読んでいくことです。

　数字をテーマにしているのに、「コツはキーワード??」と思われるかもしれませんが、ここはとりあえず先を読み進めてください。具体的に言うと、次の3つのキーワードを使いながら数字を読むことです。

- 「定義は？」
- 「一方で」
- 「極端に考えると」

　なぜなら、あなたは「裏」を読まなければなりませんから、誰でも普通にするであろう思考ではいけません。

　あなたの思考を少々意外な方向に展開させる必要があるのです。そのために、この3つのキーワードが力を発揮してくれるというわけです。

　そこで、いくつか例を用意しました。この3つのキーワードを使いながら、その数字の裏側にある真実を読み取ってください。

　ただし、あなたを間違った方向に誘導するような意地悪な文章もあえて付け加えています。

> ### ケース１
>
> いま、少年犯罪の検挙人員って年間に 90,413 人もいるそうですよ！（平成 25 年）
> ゲームやスマホなどの普及も影響しているんでしょう。
> おそらく、これからますます増えていくんでしょうね……。

　たしかに報道などで見聞きする機会が増えた気もしますが、そもそも少年犯罪の**定義は**何でしょうか。そう、「少年の犯した犯罪」です。高齢化社会で子供が減っている現代、少年犯罪がますます増えていくというのは少々無理があります。

　実際、少年による刑法犯の検挙人員は減少し続けているというデータもあります。

　「定義は？」というキーワードは、先入観を取り除く役割があるのです。

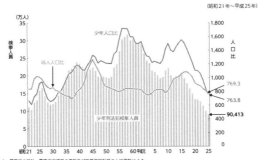

※平成 26 年版犯罪白書のあらまし
http://www.moj.go.jp/content/001128569.pdf

> ### ケース2
>
> 　日本のエンゲル係数が年々増加しています。
>
> 　参考までに 2005 年は 21.5％でしたが、2014 年は 22.3％にまで
> 上昇しています。
>
> 　つまり、日本人は飲食に関しては「贅沢」を求める傾向になって
> きているということですね。
>
> ※「エンゲル係数＝家計の消費支出に占める飲食費の割合」
> ※数字は総務省統計局　家計調査（家計収支編）より
> 　http://www.stat.go.jp/data/kakei/

　そもそもエンゲル係数の**定義は**何でしょう。

　エンゲル係数（％）＝家計の消費支出に占める飲食費の割合

　本書をここまでお読みいただいたあなたなら、おそらくこのエン
ゲル係数が「％」であることに注目するでしょう。

　エンゲル係数が上がる要因としては、まず日本人の飲食費が増え
ているという視点があります。

　しかし、安く済ませるために「宅飲み」をする人も増えているい
ま、本当にそうでしょうか。

　一方で、この％が上がる要因には「消費支出が減っている」とい
う視点もあるはずです。言い換えれば、あまり消費支出しない日本
人が増えているとも。

　高年齢世代は年金生活者が多数を占めることから、まさに消費支
出が小さく、結果として食費が占める割合も当然ながら大きくなる
はずです。つまり、この数字からは高齢化社会の日本が透けて見え
ると言えます。

「一方で」というキーワードは、あなたを別の視点に誘導する役割があるのです。

> ### ケース3
>
> 某アイドルグループのコンサート、1回の経済効果は1億円だって。
> すごいね〜！

この数字を「このアイドルグループは、1回のコンサートで1億円稼ぐ」と認識してよいものでしょうか。

たしかにそのコンサートを開催することで、1億円という利益は生まれるのかもしれません。

しかし**一方で**、そのコンサートをすることで経済的な損失はないのでしょうか。たとえばファンが周辺にゴミを散らかしてしまったら、誰かが時間と費用をかけてそれを処理しなければなりません。

あるいは、別の視点で考えてみましょう。

たとえば**極端に考えてみると**、このアイドルが毎日コンサートをしたら、年間で365億円も稼ぐのでしょうか。

このアイドルグループに限らず、もし何かイベントをやるたびに経済効果が期待できるなら、**極端に考えれば**日本中で誰でもいいから何かしらイベントをどんどんやれば景気がよくなるということになります。しかし、実際はそんなことはありませんよね。それは、どこかにマイナス効果が存在するからです。

つまり、経済効果という数字は極めて曖昧な前提のもと概算された、マイナス効果が加味されていない数字である。これが本質では

ないでしょうか。
　「極端に考えてみると」というキーワードは、ものごとの本質に迫る役割があるのです。

　このように、「裏」を読むためには、あなたの思考を展開させ、あなたの視点を（つい見落としがちな）別のところに持っていくことが必要になるのです。
　数字の「裏」まで読み取れるようになるコツは、使う「キーワード」にあることがご納得いただけたでしょうか。

数字の裏を読み解く3つの「キーワード」

「定義は？」
　➡先入観を排除する役割がある

「一方で」
　➡別の視点に誘導する役割がある

「極端に考えると」
　➡ものごとの本質に迫る役割がある

　これらのキーワードは、次のLesson 27からもポイントとなる論述で使われているはずです。ここから先は、この3つのキーワードに敏感になって読み進めてみてください。

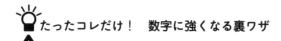

☑ その数字の「裏」を読みたければ、3つのキーワードを使え！

Lesson 27 「DMを読んだ人の80%は購入している」を正しく評価できますか?

引き続き、数字の「裏」を読む練習をいくつかやってみたいと思います。

あまり想像したくない話ですが、あなたにごく稀にしかかからない難病の疑いがあり、詳しい検査を受けることになったとします。その検査では、実際にかかっている患者さんの99%に陽性反応が出ます。

もし結果が陽性だったとしたら、あなたはどう感じますか?

「そりゃ、絶望するよ」と思われた方は、この99%という数字の裏が読めていません。ぜひ、この先を読み進んでください。

ただ、この事例だとだんだん気分が悪くなってきそうです。エッセンスは変えず、事例だけを変えて考えていただこうと思います。

たとえば通販事業のマーケティング担当者がDM（ダイレクトメール）に関して行なった次のプレゼンテーションを問題にしましょう。

先ほど紹介した裏を読むためのキーワードも、ぜひ頭の片隅に置きながら、よく考えてみてください。

問題

　いま、当社の通販事業では、ＤＭを読んだ人の 80％が実際に当社の製品を購入しています。

　やはり、ＤＭは販促に欠かせないと考えます。

　この主張に対する、あなたの見解は？
Ⓐ 80％はなかなかの数字。そのとおりだと思う。
Ⓑ そう主張するためには、根拠となる数字が足りない。

　いかがでしょうか。

　もし筆者なら、Ⓑと結論づけます。少々長くなりますが、その理由を説明しましょう。

　まず、この 80％の**定義**は「ＤＭを読んだ人の中で、購入している人の割合」です。あくまで対象は「ＤＭを読んだ人」だけに過ぎません。

　一方、「ＤＭを読んでいない人」の数字はどうなのでしょうか。その数字との比較がなければ、この主張が正しいかは判断できません。

　たとえば、もし次の表のような数字だとしたらどうでしょう。

　「ＤＭなんて、購買には影響しないじゃないか」という逆の評価になりますね。

DMは購買に影響している？

	買った	買っていない	
DM を読んだ人	80％	20％	100％
DM を読んでいない人	85％	15％	100％

※ DM を読んだ人・読んでいない人それぞれランダムに 100 名ずつ抽出して調査

この問題を別の視点でアプローチしてみます。すなわち、**極端に考えてみましょう。**

もしＤＭを読んだ人が1人しかおらず、その1人は製品を買っていたとします。ところが、ＤＭを読んでいない人は1万人もおり、そのうちの5,000人が買っていたとしたら……。

「ＤＭを読んだ人の100％が実際に当社の製品を購入しています。スゴいでしょ？」なんて主張、思わず笑ってしまいますよね。

> **ＤＭを読んだ人の100％が実際に購入している。でも……**

	買った	買っていない	
DM を読んだ人	1人	0人	1人
DM を読んでいない人	5,000人	5,000人	10,000人

要するに、今回のＤＭに関する主張は「不登校の生徒100名を調査したら、80人がスマートフォンでゲームをやっていた。だから、ゲームは教育に悪影響を及ぼす」と言っているのと同じなのです。

そうではないほう、つまりちゃんと登校している生徒だって、スマートフォンでゲームくらいはしているでしょう。

本質を理解するためにもっと**極端な例**を挙げれば、「日本では犯罪者の100％が水を飲んでいる。だから、水が犯罪の原因である」と言っているようなものです。

そうではないほう、つまり犯罪者ではない人のことも考えたら、これが無茶苦茶な論理であることにすぐ気づけるでしょう。

このように、プレゼンターに悪意がなくても、**そうではないほうの数字**が抜け漏れていることはよくあります。

そんなときこそ、あなたが数字の裏を読み、指摘することで正しい方向に導くことができるといいですね。

最後に、冒頭で話題にした「難病」の話について触れておきましょう。

仮にこの難病が100万人に1人の割合でかかる病気だとし、この検査はその難病にかかっていない人でも5％は陽性反応が出るものだとします。要するに、**そうではないほう**も考慮に入れるということです。

陽性反応が出る人の数は、

かかった人　　　　1（人）× 0.99 = 0.99（人）
かかっていない人　999,999（人）× 0.05 = 49,999.95（人）
合計すると　　　　0.99 + 49,999.95 = 50,000.94（人）

ですから、陽性反応が出たおよそ5万人（50,000.94人）のうち、実際に「難病」にかかっている人はおよそ1人（0.99人）だけ。これが真実です。

陽性反応が出たからといって、絶望する必要はまったくありませんね。

難病とその検査結果に関するデータ

	陽性	陰性	
かかった人	0.99	0.01	1
かかっていない人	49,999.95	949,999.05	999,999
	50,000.94	949,999.06	1,000,000

（単位：人）

たったコレだけ！　数字に強くなる裏ワザ

☑「そうではないほう」の数字を探るクセをつける

Lesson 28 数字に強い人は、「絶対評価」が絶対ではないことを知っている

あなたが学校の先生だとしましょう。

平均点が80点の英語のテストで100点満点（偏差値64）をとった浅野さんと、平均点が20点の数学のテストで100点満点（偏差値70）をとった山田くん。

さて、どちらをより高く評価し、ホメてあげますか？

100点満点という結果は同じですし、どちらもすばらしい。でも、おそらくほとんどの方が「山田くん」を高く評価するのではないでしょうか。

なぜなら、みんなの点数がよかったときの100点と、みんなの点数が悪かったときの100点では価値がまったく違うからです。

同じ100点なのだからどちらも同じ価値だ、という考え方を絶対評価といい、平均点が低い中での100点のほうが価値は高いと評価する方法を相対評価といいます。言い換えれば、偏差値の高いほうを評価する考え方とも言えます。

前置きが長くなりましたが、そろそろ本題に入りましょう。

問題

　このデータは、2014年度から販売開始した新製品の営業実績を各営業パーソン（4名）ごとに示したものです。

　2年間の合計金額では木村さんに勝てないと知った渡辺さんは、2015年度の187万円という数字が年間の最高金額であり、自分が4人の中でもっとも評価されるべきだと主張しています。

　もしあなたがこの4人のマネジャーだとしたら、渡辺さんのこの主張にどう答えますか。

	2014年度	2015年度	計
木村	1,530	1,540	3,070
山本	1,170	1,700	2,870
加藤	1,090	1,490	2,580
渡辺	1,010	1,870	2,880

（単位：千円）

　渡辺さんの主張も一理あるでしょう。しかし、あなたは数字に強いマネジャーです。この数字の裏を読み解き、正しい評価をしたうえでフィードバックしたいところです。

　まず、ここでする「評価」の**定義**を明確にしましょう。
　単年にせよ2年の合計にせよ、金額で絶対評価するという考え方がひとつあります。
　しかし**一方で**、相対評価という考えを持ち込んでみるとどうでしょう。**極端に言えば**、みんなが0円だったときの100万円と、みんなが90万円だったときの100万円では評価は違うという視点です。

　そこで、2014年度で木村さんを相対評価し、2015年度で渡辺さんを相対評価し、2つを偏差値で比べてみましょう。

以降、この偏差値を「ビジネス偏差値」（筆者の造語）と呼ぶことにしましょう。

　いまから、それぞれの年度で「**平均値**」「**標準偏差**」「**相対評価値**」「**ビジネス偏差値**」という4つの数字を定義します。

　少し数学的な説明を要しますが、決して難しいものではありませんので、安心してこのまま読み進めてください。

◉平均値：

　ご存じのとおり、データをすべて足し算したうえで、そのデータ数量で割った統計指標のことです。

　平均値はExcelの関数で簡単に計算できます。

平均値＝ AVERAGE(データ範囲を選択)

◉標準偏差：

　データの平均値からのバラツキ具合を、ある数学的理論により数値化したものです。この数字が大きければ大きいほど、平均値を基準としてバラツキが大きいと評価します。

　標準偏差の数学的理論は少々解説に紙幅を要してしまい、なおかつ本書は理論の解説を目的としたものではないので、詳細は他の専門書に譲ることをご了承ください。

　標準偏差はExcelの関数で簡単に計算できます。

標準偏差＝ STDEVP(データ範囲を選択)

◉相対評価値（筆者の造語）：

　平均値を基準としたとき、そのデータの相対的な位置を示す数字。この数字を比較することで、前提の異なる2つの年度の数字を、同じ土俵で比較ができます。

135

相対評価値＝ {(そのデータ) － (平均値)} ÷ (標準偏差)

◉ビジネス偏差値：

学生時代に自分の学力を相対評価する際に使われた「偏差値」とまったく同じ意味です。

ビジネス偏差値＝ 50 ＋ (相対評価値× 10)

これで準備ができました。

これらの数字を計算し（ぜひあなたも Excel を開いてやってみてください）、それぞれのビジネス偏差値を計算すると、次の表のように 2014 年度の木村さんは 66.6 となり、2015 年度の渡辺さんは 64.8 となります。

もちろん、どちらも優秀という評価ができます。しかし、わずかではありますが、2014 年度の木村さんのほうが相対的によい数字であったと評価することもできるのです。

ビジネス偏差値を計算してみる

	2014 年度 木村さんの 153 万円を評価する	2015 年度 渡辺さんの 187 万円を評価する
4 人の平均値（千円）	1,200	1,650
標準偏差	198.7	148.8
相対評価値	1.7	1.5
ビジネス偏差値	**66.6**	**64.8**

（標準偏差、相対評価値、偏差値は小数点第 2 位を四捨五入）

ビジネスにおける評価の仕方は、「絶対評価」が絶対ではありません。

そして、数字に強い人はそれをよく知っていますから、違う切り口で相対評価をしてみることで、その数字の「裏」をクッキリ浮か

び上がらせます。

　結論です。もし筆者がマネジャーなら、渡辺さんにはこう伝えるでしょう。

「たしかに2015年度の187万円はすばらしい実績だ。でも、実は昨年の木村が残した153万円は、それよりもっとすごい実績だったとも言える。来年はさらに圧倒的な数字を残し、私がどんな評価をしてもキミがNo. 1になるような成績を残してくれ」

たったコレだけ！　数字に強くなる裏ワザ

☑「ビジネス偏差値」を計算して、裏を読み解け

Lesson 29

女性へのリサーチ「異性との 交際人数は平均4.5人」の裏を読む

　先ほどは数学的な専門用語が登場し、少々お疲れになったのではないでしょうか。ここは気分を変え、楽しく読み進めていただきたいと思います。

　では、問題です。

問題

　テレビ番組の企画で、20代から30代までの独身女性100人に街頭インタビューを行ないました。

「これまでの男性との交際人数は何人でしょうか？」

　結果を集計したところ、平均4.5人という結果になりました。
　この結果から、実態はだいたい4〜5人であると考えて問題ないでしょうか。

　世の中には「余計なお世話」なリサーチがたくさん存在するものですが、さっそく本題に入りましょう。

　数字に強い人は、この数字だけでは4人か5人と答えた人が多いとは結論づけません。なぜなら、この4.5人はあくまで平均値であって、このデータのバラツキまでは把握できないからです。

　たとえば恋に臆病な0人や1人がとても多く、一方で10人、15人といったモテる女子（？）もいる結果の平均4.5人である可能性

も否定できません。

しかし、実はこの Lesson 29 でお伝えしたいことは「平均値を正しく読み解きましょう」ではありません。
数字の「裏」を読むためのコツ……、実はどうしてもあなたにお伝えしなければならないことがまだ残っています。

それは、**人は感情の生き物である**ということです。

何を当たり前のことを、と思われたでしょうか。
でも、私たちは数字を読むとき、ついこの当たり前のことを忘れてしまいがちです。
もし、あなたが読むその数字が、人間によって生み出されたものだとしたら、その人たちの感情が込められている可能性があるのです。
いったいどういことか、今回の問題を使って説明しましょう。

このリサーチは街頭調査ですが、そもそも女性はこのような「余計なお世話」なリサーチで、本当の数字を申告するのでしょうか。
「こんな失礼な質問、適当に答えればいいや」「中途半端に多い人数を言うとイメージ悪そうだし、少なめに言っておこう」などといった心理が働くのではと筆者は想像します。
つまり、この調査方法では実態よりも少なく申告する人が多くなる可能性が高いということになります。

逆にもしこのインタビューを男性にしていたら、ひょっとすると平均人数は実態よりも多くなるかもしれません。
「さすがに 0 人とは答えにくいな……」といった心理が働くかもしれないからです。

実際、このようなアンケートをすると、男性は実態の３倍の人数を言い、女性は実態の３分の１の人数を言うといった俗説もあります。

　見栄っ張りな男性、イメージを守りたい女性。そう読み解いていくと、この平均 4.5 人がいかに「何も語らない数字」である可能性が高いかがわかってきます。

　数字の「裏」を読むときに必要なこと。

　それは、**その数字が誕生したのはいつ、どんな場面で、どんな人が、その瞬間どんな感情であったかまで考えること**です。

　別の例を挙げましょう。

　たとえば、ある企業の人事総務担当者がこんな発言をしたとします。

「当社の新卒社員 50 名の従業員満足度は、100％です！」

　一般的に従業員満足度とは、「福利厚生や給与、評価制度などを総合的に見て、あなたの会社に対する満足度はどれぐらいですか？」といったリサーチの結果を指します。

　100％という数字はたしかにすごいとは思いますが、筆者ならこのリサーチがいつ行なわれたのかを気にします。

　もし、これが入社から１年ほど経過した２月や３月に実施したのであれば、その会社でそれなりの時間を費やしたわけですので、その満足度という数字には一定の価値があると思います。

　しかし、たとえば入社したばかりの４月末にこの調査をしても、正直言って新卒の社員はこの会社を評価などできないのではないでしょうか。

　逆に「不満」なんて回答をしたことが何らかの理由でバレて不利

な配属をされては困ると邪推し、とりあえずポジティブな回答をすることが容易に想像できます。

　もし後者ならば、筆者は迷わずこの100％という数字を「何も語らない数字」と判断するでしょう。

　このように、人の感情まで考慮して数字を読むことができたら、あなたはもう立派な上級者です。

　数字の「裏」を読むことは、その数字の生みの親が持つ心の「裏」を読むことでもあるのです。

たったコレだけ！　数字に強くなる裏ワザ

☑ **その数字に込められた「人の感情」まで読み取れ**

Lesson 30

毎日３分！ 記事を読まずに日経新聞を読むススメ

　数字の「裏」を読める人になるためのコツ。いかがでしたでしょうか。

　ぜひ仕事の現場で実践していただきたいと思いますが、実は最後にもうひとつ、あなたに明日から実践していただきたいことがあります。

日本経済新聞を読みましょう。

　必ずしも日本経済新聞である必要はありませんが、ビジネスに必要な情報や数字がたくさん登場するという意味では、やはり日本経済新聞が最適です。

　でも、なんだか当たり前のように感じる提案ですね。ビジネスパーソンとしてご活躍のあなたは、すでに習慣になっているかもしれません。

　実は、筆者は単に新聞を読みましょうと提案したいのではありません。数字の「裏」を読み解けるビジネスパーソンになるための読み方を提案したいのです。

いきなり記事を読まずに、日本経済新聞を読みましょう。

　いったいどういうことか、さっそく説明します。

　おそらく多くの方の新聞の読み方は、こうでしょう。

◉見出しを見る

　➡中身となる記事を読む

　➡グラフや表など補足資料も念のため読む

　しかし、この読み方は記事の内容を理解することはできても、数字の「裏」を読み解く訓練にはなりません。なぜなら、先に事実や考察を文章で読んでしまっているからです。

　そこで、読み方を変えてみてください。

◉見出しを見る

　➡グラフや表など補足資料を読む

　➡その数字から何が言えるかを少しだけ考える

　➡最後に中身となる記事を読む

　まずは見出しを見て、どんな記事なのか概要をつかみます。その後、グラフや表など数字の入った資料を先に読みます。そこで、「この数字から言えることはなんだろう？」と少しだけ考えてみるのです。自分の考察がまとまった段階で最後に記事を読み、「答え合わせ」をしてください。

　実際にやってみましょう。

> ## 問 題
>
> 　次の折れ線グラフは、2015年7月30日（木）の日本経済新聞に掲載されていたある記事に使われていたグラフです。
>
> 　そして、記事のタイトルは「バイト時給1000円時代」でした。
>
> 　さて、あなたはこのタイトルとグラフだけから、いま世の中がどうなってきているのかを考えてみてください。つまり、この1,000円という数字の「裏」を読み解くということです。

1,000円という数字の「裏」を読み解け

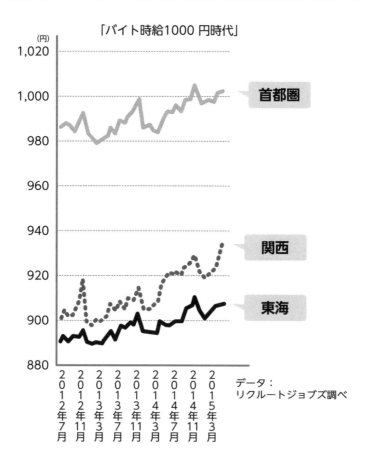

データ：リクルートジョブズ調べ

　すぐに読み取れるのは、アルバイトの時給は上昇傾向が続いており、それは東京都など一部の地域だけのものではなく、全国的なものであるということ。

　また、少し細かくグラフをご覧になった方は、11月あたりにはアルバイトの時給というものはアップし、年が明けるとダウンする

傾向があることに気づくでしょう。クリスマスや忘年会でアルバイトの人数が必要となる時期であることを考えると、納得感がありますね。

　ここまでは、いわば「傾向」と「異物」を確認する行為。つまり基本です。

　それでは、この数字の「裏」を探っていきましょう。筆者なら、こう考えます。

　時給が上昇する最大の理由は、おそらく若者の人口が減少しているからでしょう。つまり、企業側が採用難に陥っているという実態が透けて見えます。

　筆者が学生だったのはもう20年も前ですが、アルバイトの時給は800円程度が相場だった記憶があります。

　そう考えると、5年後には1,100～1,200円くらいが相場になっている可能性が高いと考えます。

　5年後というと2020年ですから、東京オリンピックが開催される年です。飲食店やサービス業ははたして人材を確保し、きちんと運営していけるのか懸念されます。

　つまり、この1,000円に上昇というニュースは、「若者にとってとても喜ばしい！」というニュースではなく、「日本は大丈夫なんだろうか……？」というニュースであると言えます。

　いかがでしたでしょうか。

　筆者ならこのくらいまで自分で推測をしてから、記事を読んでみます。時間にして、3分程度でしょうか。

　実際、この7月30日（木）の記事も似たような論調でした。

<参考>2015年7月30日　日本経済新聞より

（後略）

　そろそろ結論に向かいましょう。
　あなたもぜひ、このように表やグラフから先に日本経済新聞を読んでみてください。
　ただし、これは1日だけやっても意味がありません。あなたの数字の「裏」を読む力を飛躍的に高めるために、習慣にする必要があります。

　習慣にするためには続かなければ意味がありませんから、日本経済新聞を隅から隅まで読む必要などありません（筆者もそんなことはできません）。
　あなたにとって関心のあるテーマ、あるいはジャンルを決めて、

最初はゲーム感覚で始めてみるのがコツです。

　最初のうちは自分の考察と新聞の記事が一致せず、フラストレーションも感じるかもしれませんが、これは別に何かの試験ではありませんから、誰かに評価されることもありません。
　うまく読めなくても、それはそれでよいのです。逆に新聞記事と似たような考察ができたときの喜びは、きっと大きいと思いますよ。

　結局、人が苦手なものを克服するためには、ちょっとした裏ワザと少々の時間はどうしても必要です。
　まずは明日の朝、コーヒーを片手にチャレンジしてみてはいかがでしょうか。
　やはり、佐藤伝さんのおっしゃるように、習慣が人を変え、そして人生を変えるのです。

 たったコレだけ！　数字に強くなる裏ワザ

☑ **日本経済新聞はいきなり記事を読まず、グラフや表から読め！**

　忘れられない言葉があります。

　ある企業の社員研修でお会いした30代のビジネスパーソンに「なんで数字に強くなりたいんですか？」と尋ねたときの答えです。

「なんか、カッコイイじゃないですか」

　思わず笑ってしまいました。でも、私はこういう感性、とても好きです。理由なんてなんでもいいんです。そのためのアプローチもなんだっていい。
　ゴールはあくまで、数字とうまく付き合っていける人間になること。結果、職場でカッコつけられるのなら、それはその人にとってハッピーなことなのです。

　そろそろお別れの時間が近づいてきました。

　あなたに必要なのは、かつての算数や数学を教科書どおりに学び直すことではありません。
　電卓と仲よくし、数字で考える時間を少しだけつくり、街中にあふれる数字に敏感になり、その裏まで読むクセをつける。
　本書でご紹介したことを信じて、でも決して焦らず、少しずつ数字と接する時間を増やすことを心がけてください。

　それから、最後にひとつ説明し忘れていたことがあります。

　本書のタイトルにある「99％」という数字。本編で、私は「％」という数字は必ず分母を確認しなさいと申し上げましたね。
　実は、これまで5,000人以上のビジネスパーソンを見てきて、

本書の内容がすべて身についている人は 100 人に 1 人くらいの割合でした（もちろん正確な統計はとっていませんが）。

　100 人に 1 人だけが知っている、裏を返せば 99％は知らない。これが、本書のタイトルで使われた数字の正体です。

　もし、本書がきっかけであなたの「数字」に対する意識や見方が変わったとしたら、そしていつか 1％のビジネスパーソンに仲間入りできたとしたら、著者としてこれほどうれしいことはありません。

　いつまでも、「数字」と仲よく。
　深沢真太郎の「ビジネス数学」は、いつまでもあなたの味方です。

　2016 年 1 月

深沢真太郎

［著者］

深沢真太郎（ふかさわ・しんたろう）

ビジネス数学の専門家／教育コンサルタント

日本でただ一人、「数字に強いビジネスパーソンを育てる専門家」として活躍。大手企業を中心に社員教育研修などでトレーニングを実践。この４年間で指導した人数は延べ5,000名を超える。そのレクチャーは「圧倒的にわかりやすい」「数字に対するイメージが覆る」「この人にしかできない数字の研修」と多くの研修担当者や教育関係者から評価され、大学やビジネススクールで担当した講義は100％リピート依頼がくる超人気講師でもある。

「PRESIDENT」「週刊東洋経済」「日経アソシエ」など、ビジネス誌の特集記事の監修実績も多数。著書に『数学女子智香が教える 仕事で数字を使うって、こういうことです』（日本実業出版社）『「仕事」に使える数学』（ダイヤモンド社）などがある。

ＢＭコンサルティング株式会社代表取締役。多摩大学非常勤講師。ビジネス数学検定１級ＡＡＡ国内最上位。

99％の人が知らない数字に強くなる裏ワザ30
——パパッと計算、サクッと考える仕事術

2016年２月25日　第１刷発行

著　者——深沢真太郎
発行所——ダイヤモンド社
　　　　　〒150-8409　東京都渋谷区神宮前6-12-17
　　　　　http://www.diamond.co.jp/
　　　　　電話／03·5778·7234（編集）　03·5778·7240（販売）
装丁————新田由起子
ＤＴＰ———(有)ムーブ（新田由起子／徳永裕美）
製作・進行—ダイヤモンド・グラフィック社
印刷————慶昌堂印刷
製本————ブックアート
編集担当——久我 茂

©2016 Shintaro Fukasawa
ISBN 978-4-478-06880-9

落丁・乱丁本はお手数ですが小社営業局宛にお送りください。送料小社負担にてお取替えいたします。但し、古書店で購入されたものについてはお取替えできません。

無断転載・複製を禁ず
Printed in Japan

◆ダイヤモンド社の本◆

ビジネスパーソンに難しい数字なんていらない！

日本で２人しかいないビジネス数学検定１級（最上級ＡＡＡ）の実績を持つ著者が、「仕事」に使える数学を楽しくレクチャー。

「仕事」に使える数学
数学的ビジネス思考がすぐに身につく 45 のスキル
深沢真太郎 ［著］

● A5 判並製 ●定価（1400 円＋税）

http://www.diamond.co.jp/